Et si j'apprenais...

La pâte Fimo®

ÉDITIONS
PLACE DES
VICTOIRES

L'éditeur remercie EberhardFaber, fabricant de la pâte, FIMO pour leur aimable collaboration et leurs précieux conseils.

EberhardFaber GmbH
92302 Neumarkt
Allemagne

Le représentant d'EberhardFaber en France est :
DTM Loisirs Créatifs
B.P. 31
37290 Preuilly-sur-Claise
dtm@dtm.fr

CONCEPTION ET DIRECTION GÉNÉRALE DE L'OUVRAGE
Jordi Vigué

COORDINATION ÉDITORIALE
Miquel Ridola

CHEF DE RÉDACTION
Véronique Artaud

INTRODUCTION
Josep V. Graell

INTRODUCTION TECHNIQUE
Galdric Verntallat

RÉDACTION DES TEXTES DES PAS À PAS
Gloria María Carrillo Parra
Miquel Graell Vilà
Josep M. Ordóñez Edo

RÉALISATION DES EXERCICES
Gloria María Carrillo Parra
Josep M. Ordóñez Edo

PHOTOGRAPHIES
Laura Elena Carrillo

MAQUETTE
Celia Valero y Glòria Badia

ARCHIVES PHOTOGRAPHIQUES
Gorg Blanc

TITRE ORIGINAL
Pasta Fimo

ADAPTATION FRANÇAISE
Martine Richebé

ISBN : 978-2-8099-1321-7

Achevé d'imprimer en avril 2017
par D'AURIA PRINTING (Italie)
Dépôt légal : 2e trimestre 2007

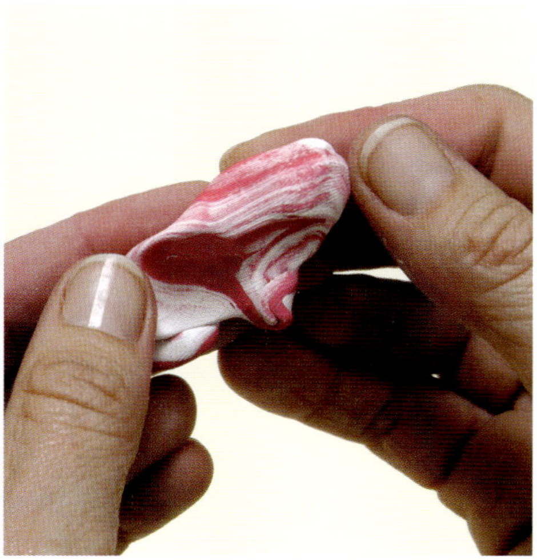

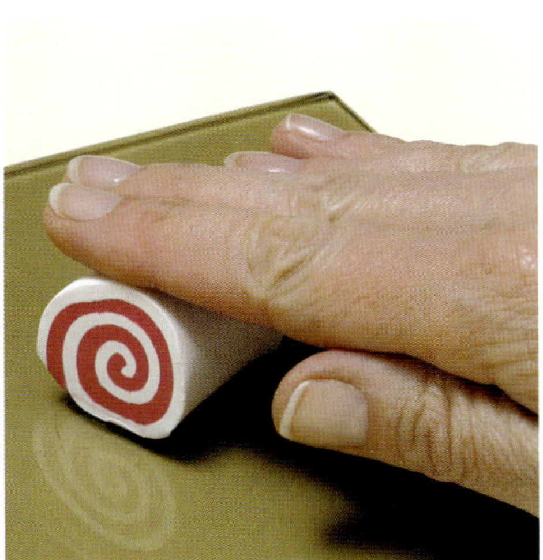

Introduction

La pâte Fimo® est une pâte polymère semblable à la Plastiline, aisément modelable, mais, à la différence de cette dernière, on peut la cuire au four pour la durcir de façon permanente. On la trouve facilement dans les magasins de fournitures pour beaux-arts, où elle est disponible dans une vaste gamme de couleurs. Elle présente l'avantage de pouvoir être travaillée sans difficulté, à l'aide de techniques accessibles à tous et d'outils peu coûteux et faciles à manipuler. Idéale pour la création d'éléments de petite taille, notamment bijoux, accessoires, sculptures, etc., elle se prête aussi particulièrement bien à la décoration de pièces de vaisselle et d'une multitude d'autres objets, car elle peut être appliquée sur un grand nombre de matériaux.

Le modelage de cette pâte polymère constitue donc une activité de loisirs particulièrement gratifiante, et ceux qui expérimenteront les possibilités offertes par ce nouveau support pourront exprimer leur créativité en laissant libre cours à leur fantaisie et à leur imagination. En effet, il permet non seulement de s'occuper agréablement, mais aussi de créer rapidement de séduisants objets ou décors pour personnaliser et décorer son cadre de vie ou donner plus d'éclat à une réception ou une fête.

Les projets que nous vous proposons de réaliser ont été conçus de manière à vous faire découvrir les multiples ressources qu'offre ce matériau moderne, très agréable à travailler. Ils sont très variés et classés en trois niveaux de difficulté : que vous soyez débutant ou plus expérimenté, il vous sera ainsi possible de choisir parmi les travaux présentés ceux qui sont les plus adaptés à votre goût et à votre degré de compétence.

N'hésitez plus à vous lancer dans l'aventure : pour commencer, il suffit d'un peu d'habileté, d'un minimum d'espace et de quelques outils. De plus, avec l'aide de ce livre, vous n'aurez aucun mal à obtenir de bons résultats, car les techniques de base y sont expliquées de façon détaillée, ainsi que le processus d'exécution des projets. Vous prendrez vite plaisir à travailler cette pâte et vous ne tarderez certainement pas à vous lancer dans la réalisation de vos propres modèles.

Jordi Vigué

SOMMAIRE

QU'EST-CE QUE LA PÂTE FIMO® ?

Il s'agit d'un matériau polymère, fabriqué avec de la poudre de PVC, des pigments et d'autres additifs.
C'est une pâte modelable similaire à la Plastiline, mais on peut la cuire dans un four domestique à gaz ou électrique et elle acquiert alors une consistance rigide et une grande dureté. La pâte crue conserve sa souplesse et sa malléabilité dans le temps, car elle est imperméable à l'air. Il est donc inutile de prendre des précautions particulières pour éviter qu'elle ne sèche, comme on le fait quand on travaille l'argile.
Bien que le nom Fimo® corresponde à une marque déposée, il est couramment utilisé comme terme générique pour désigner ce type de pâte. Toutefois, il existe plusieurs marques de pâtes polymères, qui ne présentent pas toutes les mêmes propriétés. De ce fait, il n'est pas recommandé de les mélanger entre elles. Par contre, les pâtes de différentes couleurs d'une même marque peuvent être utilisées ensemble sans problème, ce qui permet d'obtenir une vaste palette de teintes intermédiaires.
Cette pâte polymère se trouve en général dans les magasins de fournitures pour beaux-arts sous la forme de petits pains rectangulaires, mais il existe aussi des pains de plus grande taille. Elle est disponible en trois gammes : « soft », que l'on peut travailler immédiatement, « classic », qu'il faut malaxer avant utilisation pour l'assouplir et « effect » qui offre une gamme de couleurs supplémentaires. On trouve également de la pâte Fimo® liquide, qui sert à fixer certains décors à la surface des pièces, comme les poudres de mica.

MATÉRIEL ET OUTILS

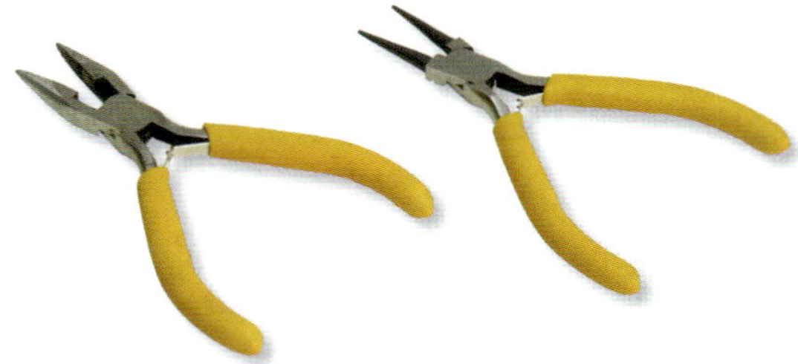

Le travail d'une pâte polymère n'exige que peu de matériel : une surface de travail propre et lisse et une panoplie restreinte d'outils pour aplanir la pâte, la découper, la façonner et la percer. En général, on dispose déjà des outils les plus courants (ciseaux, cutter, règle, pinces, etc.). Les autres se trouvent facilement dans les magasins de bricolage ou de fournitures pour beaux-arts. Bien que l'on puisse se servir, en faisant preuve d'imagination, des outils les plus insolites, nous vous présentons ici ceux qui sont habituellement employés.

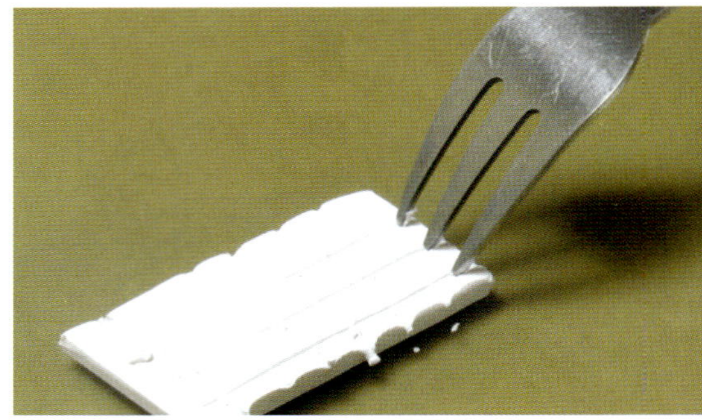

Support de modelage
Il peut s'agir d'un carreau en céramique, à condition qu'il soit très lisse, ou d'une plaque en verre. On s'en sert comme surface de travail, pour aplanir la pâte au rouleau en plaque fine et régulière, la découper au cutter ou façonner des boudins. Il faut éviter d'utiliser un support en bois ou en métal, car la pâte adhère trop facilement à ces matériaux.

Plaque d'enfournement
C'est la plaque sur laquelle on pose les objets pour les cuire au four. On peut utiliser une plaque en verre, à condition qu'elle résiste à la chaleur, un carreau en céramique ou une plaque de four. Dans ce dernier cas, il faut recouvrir la plaque d'une feuille de papier sulfurisé, car la pâte se colle au métal.

Rouleau
Il doit être en verre ou en métacrylate, c'est-à-dire constitué d'un matériau à surface parfaitement lisse. On le fait rouler sur la pâte en exerçant une certaine pression, afin de l'aplanir et de la transformer en une plaque lisse, d'épaisseur uniforme. Plus on passe le rouleau sur la pâte, plus la plaque obtenue est fine.

Cutter
C'est un outil très utile, tant pour égaliser les bords des plaques formées au rouleau que pour couper des boudins de pâte en tronçons ou en tranches, ou pour décorer la pâte de motifs incisés. Il faut le manipuler avec beaucoup de précaution, car sa lame est particulièrement tranchante.

Outils pour percer

Suivant les objets que l'on façonne (colliers, boucles d'oreilles, porte-clés, etc.), on peut être amené à percer certains de leurs éléments (pendeloques, pendentifs, supports, etc.). Divers outils peuvent remplir cette fonction, notamment des piques en bois pour amuse-gueules, des aiguilles, un poinçon…

Règle

On peut s'en servir pour prendre des mesures ou comme guide pour réaliser des découpes au cutter – égaliser les bords d'une plaque pour lui donner une forme rectangulaire, ou y découper des bandes de même largeur. Mieux vaut utiliser une règle métallique, car une règle en plastique peut être entamée par le cutter ou attaquée par des éléments entrant dans la composition de certains types de pâte.

Mirettes et ébauchoirs

La plupart des outils utilisés en poterie pour façonner l'argile – entre autres, les mirettes et les ébauchoirs – conviennent aussi au modelage de la pâte polymère et permettent d'améliorer la finition des objets réalisés. Les mirettes servent à évider ou à lisser les surfaces. Les ébauchoirs, eux, sont employés pour lisser les surfaces, les strier, mais aussi pour unir plusieurs éléments ou dissimuler leur jonction.

Pinceaux

Pour appliquer de la colle ou de la peinture sur des éléments ou des zones de très petite taille, on utilise des pinceaux ronds ou des brosses plates à poils fins de faible numérotation (n° 4 ou n° 6). Les pinceaux servent aussi à appliquer les feuilles d'or ou de cuivre sur la pâte. Pour nettoyer une pièce ou créer des effets de texture, il convient d'employer des brosses à poils raides.

Ciseaux

Des ciseaux de différentes tailles sont nécessaires : de petits ciseaux à broder, pour couper avec précision de petits éléments, et des ciseaux de plus grande taille, pour découper des plaques ou en arrondir les angles. Ces derniers serviront aussi à découper les patrons et à couper les rubans adhésifs, ficelles ou lanières de cuir.

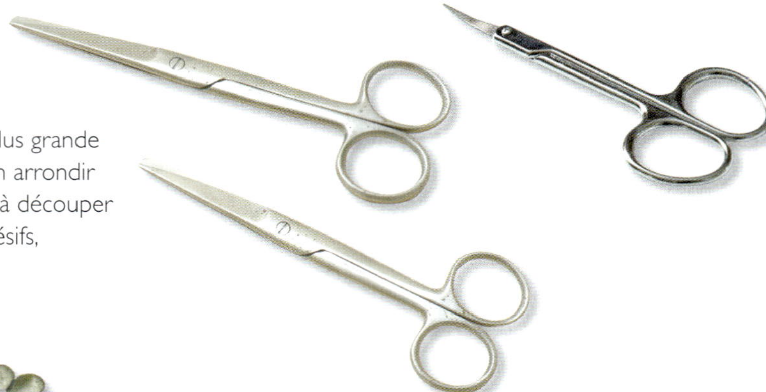

Emporte-pièce

Les emporte-pièces d'usage culinaire peuvent être très utiles pour découper des éléments dans une plaque de pâte polymère ou pour marquer la surface d'une plaque de motifs décoratifs répartis de façon aléatoire ou symétrique, ou sous forme de frises répétitives. Les éléments découpés peuvent être utilisés tels quels, ou appliqués à la surface d'une pièce que l'on a modelée pour réaliser un décor en relief. Il existe des emporte-pièce de formes et de tailles variées. Mais une fois que ces ustensiles auront été en contact avec de la pâte polymère, il est vivement conseillé de ne plus les utiliser à des fins culinaires. Un nettoyage, même bien fait, peut ne pas suffire à éliminer complètement toute trace du matériau.

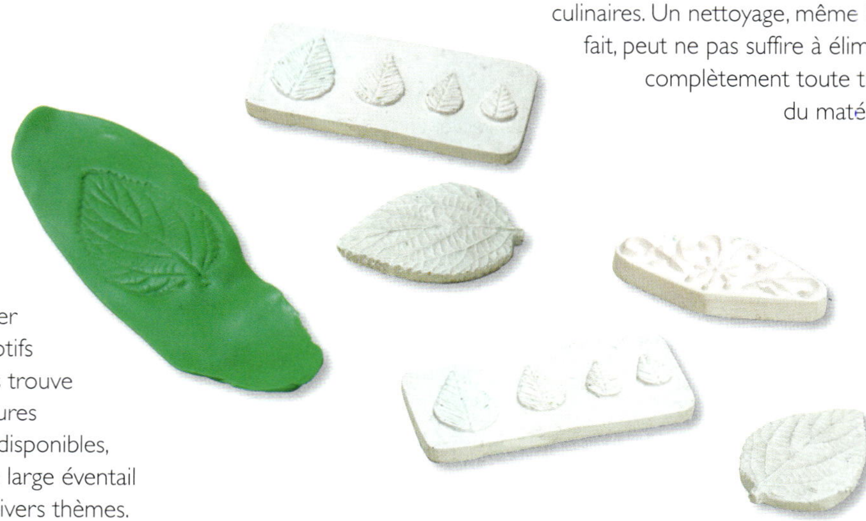

Moules à estamper

Les moules à estamper peuvent aussi servir à décorer la surface des plaques de motifs en creux ou en relief. On les trouve dans les magasins de fournitures pour beaux-arts, où ils sont disponibles, en différentes tailles, dans un large éventail de formes se rapportant à divers thèmes.

AUTRES FOURNITURES

En dehors des outils et du matériel de base, il est indispensable de disposer d'autres fournitures, nécessaires à la réalisation de certains objets ou décors en pâte polymère. Il s'agit de produits ou de matériaux que l'on a en général chez soi pour réaliser des travaux manuels ou de bricolage, et qu'il est très facile de se procurer dans le cas contraire.

Colle blanche

Cette colle devient transparente en séchant et conserve une certaine élasticité. On s'en sert pour coller des éléments en pâte cuite sur des supports poreux (bois, liège, tissu, papier, etc.) ou des éléments en pâte crue sur des surfaces non poreuses (verre, céramique, métal ou plastique, notamment le métacrylate). On peut aussi en recouvrir une surface poreuse pour l'imperméabiliser.

Colle cyanoacrylate

Elle est très utile pour coller la pâte polymère sur des matériaux non poreux et se révèle très efficace dans les travaux de précision, quand il s'agit de fixer des éléments de très petite taille (perles, strass, fils métalliques, etc.). En revanche, son temps de prise étant très court, on ne peut pas repositionner les éléments après les avoir collés, et elle présente également l'inconvénient d'être toxique. Avant de l'utiliser, il est conseillé de lire attentivement les recommandations du fabricant.

Essence de térébenthine ou alcool

Ces produits servent à nettoyer les objets en verre ou en porcelaine que l'on souhaite décorer. Pour les appliquer, il faut utiliser un chiffon propre en coton non pelucheux. Il est indispensable de nettoyer soigneusement ce type d'objets pour que la pâte polymère y adhère bien.

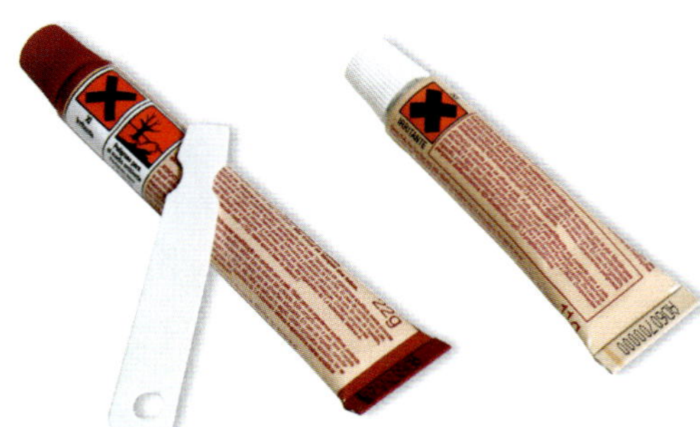

Colle époxy

Elle est composée d'une résine et d'un durcisseur qu'il faut mélanger avant application. Plus solide et malléable que la colle cyanoacrylate, elle convient au collage d'éléments en pâte cuite sur des supports non poreux. Elle est spécialement indiquée pour coller de petits boudins ou des bandes de pâte de faible largeur. Avant de l'utiliser, il convient de lire attentivement les instructions du fabricant. Pour des travaux de collage assez longs, mieux vaut porter un masque de protection.

Vernis

On l'emploie pour protéger les éléments en pâte polymère et leur donner un fini mat, satiné ou brillant. Il ne s'applique que sur la pâte cuite. On peut utiliser n'importe quel vernis acrylique. Les vernis contenant des solvants ou ceux qui sont conditionnés en aérosol sont à proscrire, car ils sèchent difficilement quand on les applique sur la pâte polymère ou peuvent ramollir le modelage de façon irrémédiable.

Poudre de talc ou fécule de maïs

On les applique sur les moules à estamper, pour éviter que la pâte n'adhère à leur surface.

Papier quadrillé

Il facilite le dessin des motifs décoratifs quand on doit confectionner un patron.

Papier sulfurisé

C'est celui qui convient le mieux à la conservation de la pâte polymère, pour la protéger de la poussière et de l'humidité.

Papier carbone

On l'emploie pour transposer le motif du patron sur la surface à décorer : verre, céramique, bois, etc.

Papier abrasif

Il sert à retoucher les pièces à leur sortie du four, à en aplanir les aspérités, à corriger les imperfections ou à polir certaines zones. Il est disponible en différents grains : grain fin, grain moyen et grain grossier. Mieux vaut éviter d'utiliser les papiers à grain grossier ou moyen, car ils ont une action très abrasive. Les papiers à grain fin permettent de travailler de façon plus précise et sont donc conseillés pour la finition et le polissage des éléments en pâte polymère.

MATÉRIAUX DE DÉCORATION

De nombreux matériaux peuvent être utilisés pour décorer la pâte polymère. Bien que les possibilités soient multiples et dépendent en grande partie de l'imagination de chacun, nous vous présentons ci-dessous les produits le plus couramment utilisés en raison de leurs caractéristiques et de leur facilité d'emploi.

Poudres de mica

Ces poudres de différentes teintes confèrent aux surfaces un aspect scintillant. Elles peuvent servir à donner à l'objet réalisé en pâte polymère une texture particulière tout en le colorant, pour le rendre plus attrayant. On les applique au pinceau, en mélange avec de la pâte polymère liquide, avant de cuire la pièce. Après la cuisson, pour préserver les couleurs de ce décor, il faut le vernir.

Encres

On les emploie pour teinter la pâte, tant avant qu'après la cuisson, y dessiner certains détails (yeux ou bec d'un oiseau, nervures ou tige d'une feuille), ou y inscrire mots, phrases ou initiales, etc. Bien qu'il existe des encres qui sèchent plus rapidement, l'encre de Chine est parfaitement adaptée à la pâte polymère. Avant d'acheter une encre, il faut se renseigner pour savoir si elle supporte la cuisson. Bien que l'encre puisse être appliquée après cuisson, il est préférable de le faire avant de cuire la pièce.

Peintures acryliques

Ces peintures peuvent être utilisées, mais il faut savoir qu'elles ne sont pas compatibles avec la pâte polymère liquide, ni avec les résines époxy.

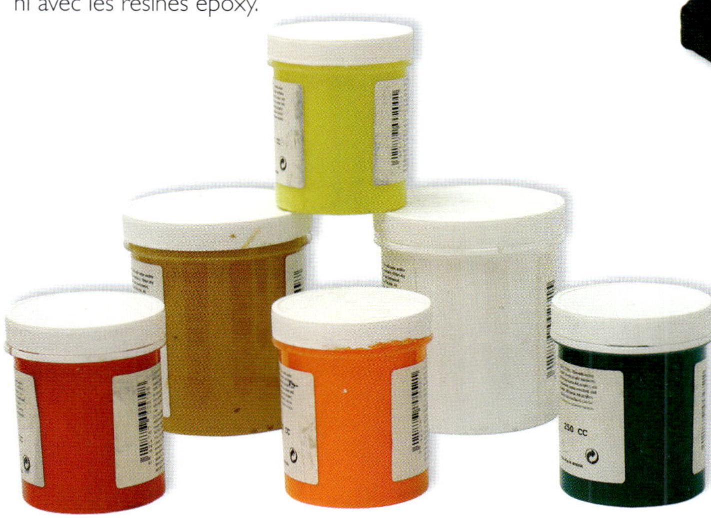

Craies

Les craies, sous leurs différentes formes, permettent d'obtenir des finitions délicates d'aspect satiné, particulièrement esthétiques. Il faut cependant les utiliser à bon escient, car certaines craies présentent l'inconvénient d'altérer les couleurs à la cuisson, parfois de façon considérable : l'effet obtenu est alors très différent du résultat escompté.

Feuilles de métal

L'application de feuilles d'or, de cuivre, d'aluminium, etc., sur la pâte polymère confère aux objets un éclat particulier. Elles doivent être manipulées avec beaucoup de soin, car elles se froissent facilement et, lorsque les surfaces à décorer sont relativement grandes, leur pose est très délicate. Après avoir appliqué la feuille sur la pâte, on la presse légèrement avec les doigts, en la lissant du centre vers les bords afin d'éliminer les plis et bosses qui ont pu se former. Quand elle est parfaitement plane, on passe à sa surface un pinceau à poils doux, comme si on la recouvrait de peinture, en exerçant une légère pression pour la faire adhérer au support. Si l'on passe un rouleau sur une plaque recouverte d'une feuille de métal, celle-ci se fend en formant des craquelures qui peuvent être d'un grand intérêt décoratif. On peut aussi obtenir des effets spéciaux en malaxant la pâte avec la feuille de métal, de manière qu'elles forment une masse homogène d'aspect métallisé.

Perles et strass

Suivant le type d'objet à décorer ou le style de décoration choisi, ils peuvent être du plus bel effet. Les perles sont fabriquées dans divers matériaux : verre, pierre, nacre, métal, corail, céramique, etc. Les strass sont en verre. Il faut toujours utiliser les perles qui résistent le mieux à la chaleur et ne s'altèrent pas à la cuisson. Il est préférable d'incruster ces éléments dans la pâte avant la cuisson, plutôt que de les coller sur la pâte après cuisson : l'effet sera plus soigné.

TRÈS IMPORTANT

Chaque fois que l'on utilise une feuille de métal, il faut recouvrir la pièce, après cuisson, d'une couche de vernis, pour éviter qu'elle ne s'oxyde au contact de l'air.

Fils métalliques

Les fils dorés, argentés ou les fils de cuivre sont très décoratifs et peuvent donner à certaines pièces un aspect sophistiqué. Bien que l'on trouve dans le commerce de très beaux fils en plastique « imitation métal », il faut éviter de les employer : ils ne résisteront pas à la température de cuisson de la pièce, fondront et gâcheront irrémédiablement votre travail. Pour éviter tout problème, mieux vaut employer des fils métalliques de bonne qualité.

CONSEILS DE BASE

- Avant de décorer un objet en verre ou en céramique, nettoyez-le d'abord soigneusement avec un chiffon propre en coton non pelucheux imprégné d'essence de térébenthine ou d'alcool. Sinon, la pâte polymère risque de mal y adhérer.
- Si, pour une raison quelconque, vous devez interrompre votre travail durant plusieurs heures, nous vous conseillons de recouvrir la pièce d'une toile ou d'une feuille de plastique, pour la protéger de la poussière.

- Vous pouvez vous servir de n'importe quel four domestique, à gaz ou électrique, pour cuire la pâte polymère, mais n'utilisez en aucun cas un four à micro-ondes.
- La meilleure manière d'enfourner une pièce est de la poser sur une plaque en verre résistant à la chaleur.
- Dans la mesure du possible, évitez de travailler la pâte polymère quand la température est élevée ou avec des mains trop chaudes : elle serait alors trop ramollie et difficile à façonner.

- Lorsque vous travaillez avec des pâtes de couleurs très intenses, comme les pâtes rouges ou vertes, lavez-vous soigneusement les mains après les avoir manipulées, car vous risqueriez de tacher celles que vous allez utiliser ensuite.
- Pour couper plus facilement une masse de pâte, malaxez-la d'abord un peu à la main.
- Si vous devez appliquer une feuille de métal sur la pâte, pressez-la délicatement avec les doigts en procédant avec beaucoup de soin, car la feuille est très fine et se froisse facilement.
- Ne jetez pas les restes de pâte après avoir achevé un travail, même s'ils sont issus du mélange de pâtes de différentes couleurs. Vous pourrez mélanger tous ces résidus pour obtenir une pâte d'une couleur nouvelle qui pourra être très utile pour des travaux ultérieurs.

- La pâte résiste parfaitement à l'air et vous pouvez la garder durant des années, à condition de prendre les précautions suivantes :
  - Conservez-la à température ambiante, dans un endroit frais et sombre.
  - Protégez-la de la poussière en l'enveloppant dans du papier sulfurisé.
  - Ne la conservez pas dans des sacs ou récipients en plastique, car certains de ses composants peuvent attaquer ce matériau.
  - Ne l'enveloppez pas dans du papier ordinaire ou du papier journal, car ils peuvent absorber certains de ses composants et la rendre inutilisable.
- Pour décorer les objets avec de la pâte polymère, évitez d'employer des peintures et des vernis contenant des solvants, car ils jaunissent et ont tendance à devenir collants avec le temps.
- Évitez les peintures à l'huile, car elles mettent longtemps à sécher, accumulent la poussière et donnent à la pièce une texture peu agréable au toucher.

- La pâte polymère peut être lavée à l'eau après la cuisson car celle-ci la rend imperméable.

MESURES DE SÉCURITÉ

La pâte polymère n'est pas toxique dans la mesure où l'on suit attentivement les instructions du fabricant et où l'on prend certaines précautions. Voici un certain nombre de recommandations concernant l'emploi des outils ou des matériaux que vous allez être amené à utiliser.

- **La pâte polymère ne doit absolument pas être portée à la bouche.**
- Conservez toujours la pâte hors de la portée des enfants et des animaux domestiques.
- Chaque fois que vous devez utiliser des outils tranchants (cutter, couteau, ciseaux, pinces coupantes, etc.), concentrez-vous bien sur ce que vous faites. Une simple distraction, une mauvaise prise en main de l'outil, et celui-ci peut déraper et provoquer un accident grave. Il convient de ne jamais l'oublier.
- Après avoir terminé un travail avec la pâte polymère, **lavez-vous soigneusement les mains** et nettoyez aussi les outils que vous avez utilisés.
- Pour éviter de courir des risques inutiles, avant d'enfourner une pièce, lisez attentivement les instructions du fabricant et respectez-les.
- Si, pour une raison quelconque, la **température de cuisson** excède celle que peut supporter la pâte polymère, c'est-à-dire **110 °C en général,** celle-ci peut brûler et dégager un gaz toxique. Si vous sentez une odeur forte et désagréable, éteignez immédiatement le four, retirez-en la pièce et sortez-la à l'air libre, pour éviter que le gaz ne s'accumule à l'intérieur de la cuisine. Aérez bien et quittez la pièce jusqu'à ce que les vapeurs se soient dissipées.
- **La pâte polymère ne doit pas être mise en contact avec les aliments.** Faites donc bien attention à l'emploi que vous allez faire des objets que vous avez réalisés ou décorés dans ce matériau.
- Même si les objets que vous avez élaborés en pâte polymère sont destinés à la décoration de votre intérieur ou à votre usage personnel – notamment les bijoux –, nous vous conseillons de les recouvrir, après cuisson, d'une couche de vernis.
- Après chaque exercice, n'oubliez pas de nettoyer soigneusement les ustensiles et outils que vous avez utilisés. Si vous vous êtes servi d'ustensiles de cuisine, ce nettoyage est impératif et doit être effectué avec la plus grande méticulosité. Par prudence, il est d'ailleurs préférable de bannir de votre cuisine tout ustensile ayant été en contact avec de la pâte polymère.
- Si vous utilisez des produits à base de résine époxy, ou d'autres produits dégageant des vapeurs qu'il est dangereux d'inhaler ou irritantes pour les yeux, portez un masque de protection contre les gaz toxiques et des lunettes de protection.
- Si vous devez manipuler des matériaux caustiques susceptibles d'endommager gravement la peau quasi instantanément s'ils entrent en contact avec elle (acides, colle cyanoacrylate, etc.), portez des gants de protection.
- Avant d'utiliser n'importe quel matériau dont vous ne connaissez pas la nature ou la composition, lisez attentivement la notice qui l'accompagne et **suivez scrupuleusement les recommandations d'emploi.**

TECHNIQUES DE BASE

La pâte polymère possède des propriétés évoquées dans les chapitres précédents qui la rendent très facile à travailler. Il suffit de posséder un minimum d'habileté manuelle et de connaître les techniques de base, très élémentaires, pour obtenir de bons résultats.

Comment pétrir la pâte

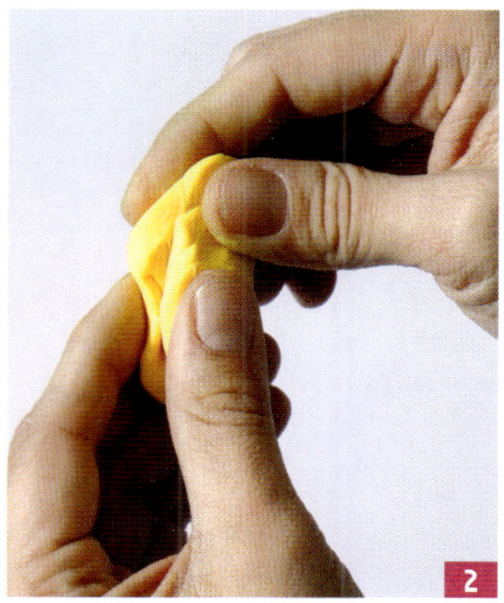

1 Prélevez un morceau, avec les doigts, sur le pain de pâte polymère.

2 Pétrissez la pâte, pour la rendre plus malléable.

3 Pressez-la.

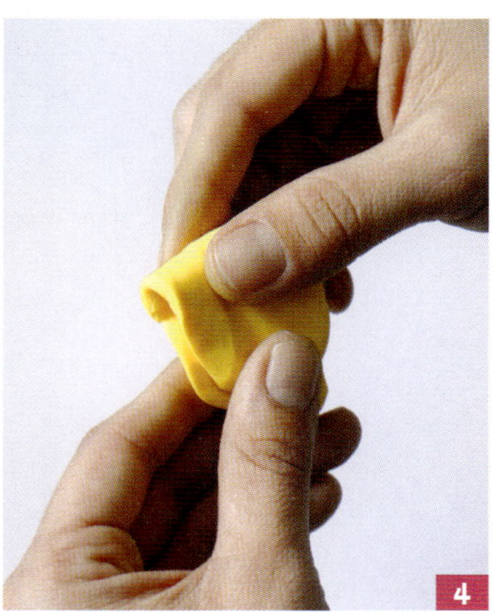

4 Étirez-la.

5 Pressez-la à nouveau…

6 … en pétrissant jusqu'à l'obtention d'une masse compacte. Un bon pétrissage dure environ 10 minutes.

Comment former une boule

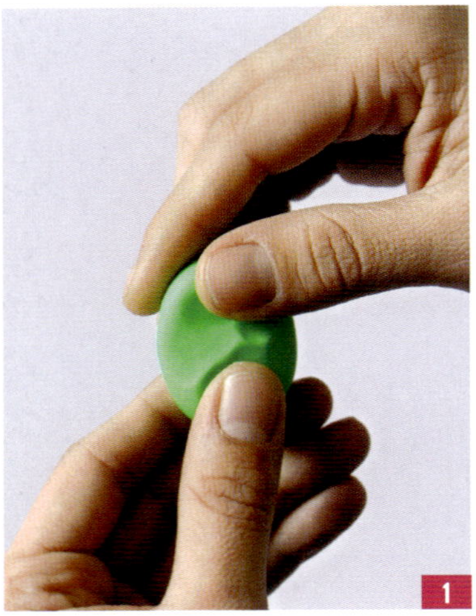

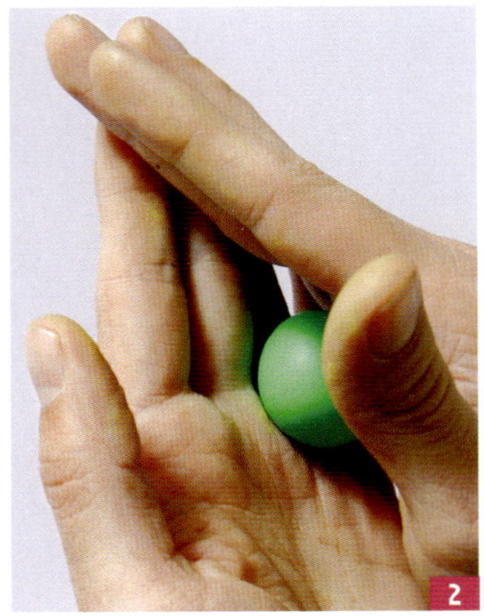

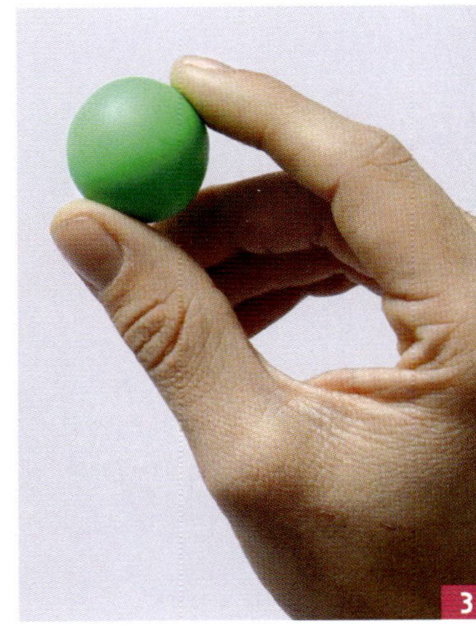

1 Pétrissez entre vos doigts la quantité de pâte correspondant à la taille de la boule que vous voulez modeler.

2 Roulez la pâte entre vos paumes, dans différentes directions, pour arrondir la masse de pâte de façon régulière.

3 Après avoir suffisamment roulé la pâte, vous obtiendrez une boule.

Comment former un boudin

1 Posez la pâte, après l'avoir pétrie, sur la plaque en verre qui vous servira de surface de travail.

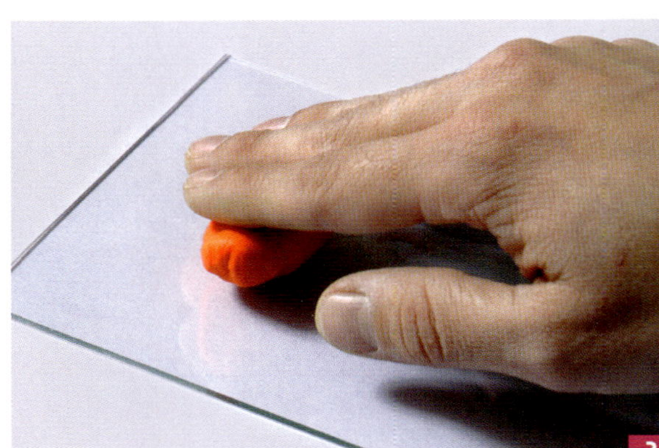

2 Faites rouler la masse sous vos doigts joints, en effectuant un mouvement de va-et-vient assez ample.

Le boudin peut non seulement être utilisé tel quel comme élément décoratif, mais aussi servir de base à l'élaboration d'éléments structurels : plaques, bandes, petits éléments cylindriques, etc.

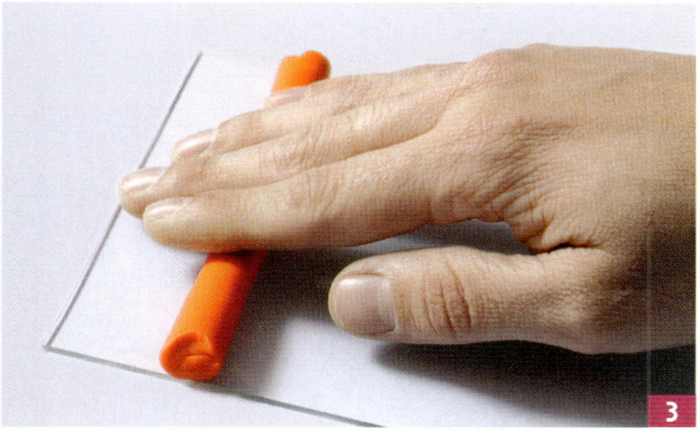

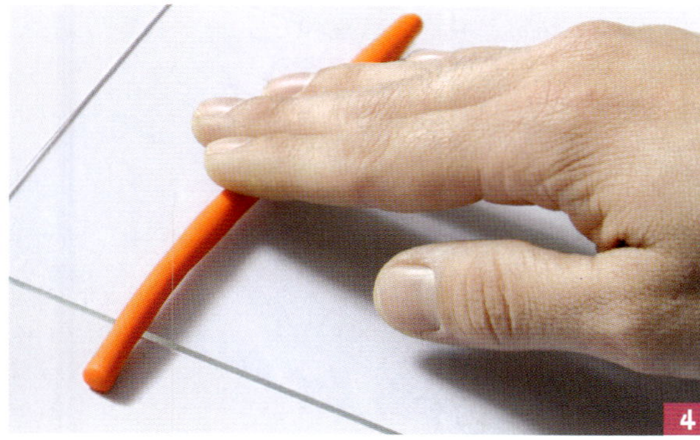

3 Pour allonger le boudin, continuez à le faire rouler en déplaçant vos doigts latéralement sur toute sa longueur.

4 Plus vous ferez rouler le boudin sous vos doigts, en l'étirant latéralement, plus il sera long et fin.

Comment obtenir une plaque

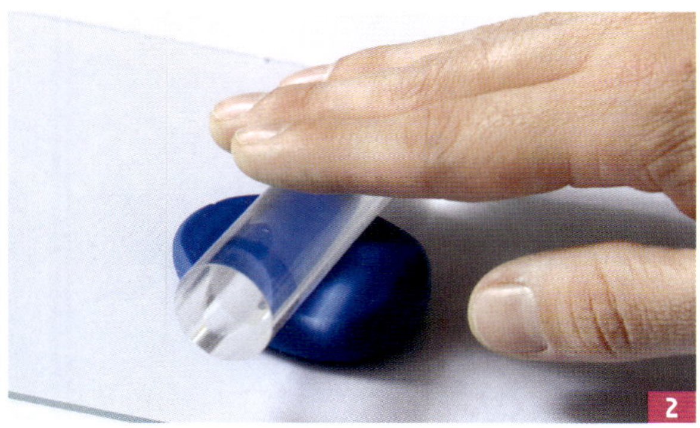

1 Formez une boule avec la pâte et posez-la sur une plaque en verre.

2 Passez un rouleau sur la boule, en le déplaçant en un mouvement de va-et-vient et en exerçant une pression de la main.

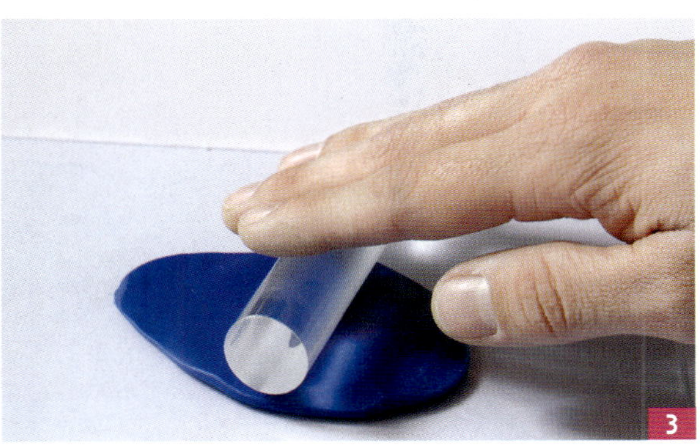

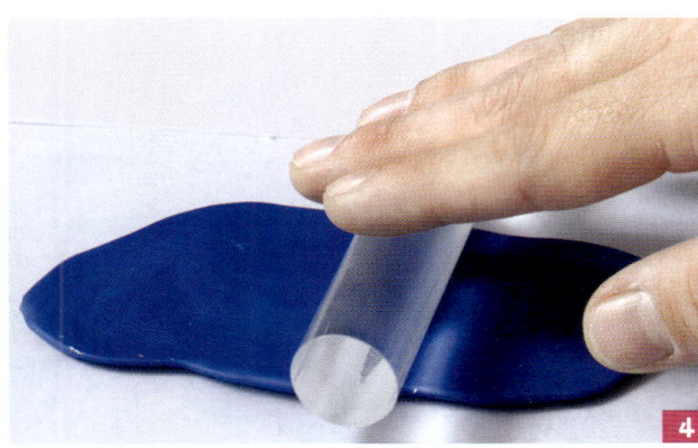

3 Après avoir passé le rouleau plusieurs fois sur la masse, elle s'amincit et s'aplanit en forme de plaque.

4 Plus vous passerez le rouleau sur la pâte, plus la plaque deviendra fine, lisse et régulière.

Comment découper la plaque

Après avoir aplani la pâte au rouleau pour obtenir une plaque, on peut en couper les bords au cutter, pour lui donner une forme rectangulaire, ou la diviser en bandes de largeur égale. Voici comment procéder.

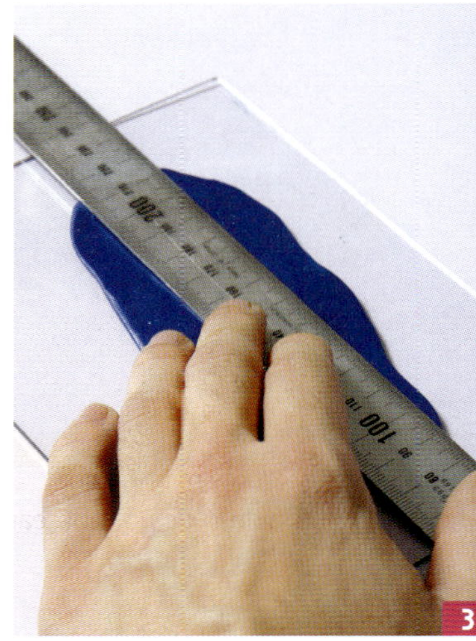

1 Placez la plaque de pâte bien à plat sur la surface de travail.

2 Posez la règle métallique sur la pâte, en la positionnant de façon adéquate.

3 Tout en maintenant fermement la règle en place d'une main…

4 … coupez la pâte au cutter en suivant le bord de la règle.

5 Déplacez ensuite la règle pour découper une série de bandes, en veillant à ce qu'elles soient de largeur égale…

6 … ou en marquant au préalable la largeur avec la pointe du cutter, en vous aidant des graduations de la règle.

Comment modifier la couleur de la pâte

Si vous ne disposez pas de pâte verte, voici comment l'obtenir par mélange.

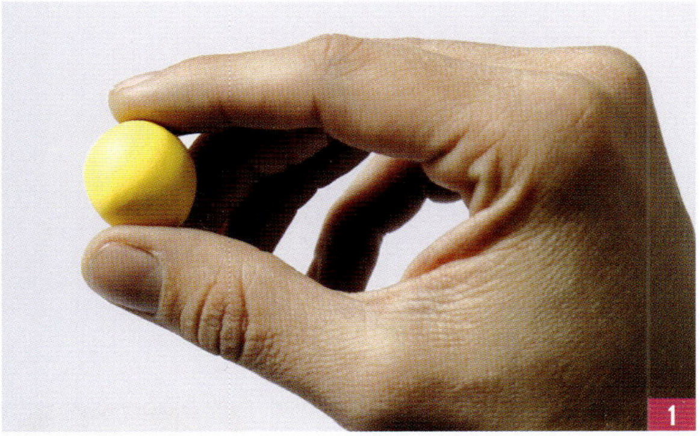

1 Formez une boule avec un morceau de pâte jaune.

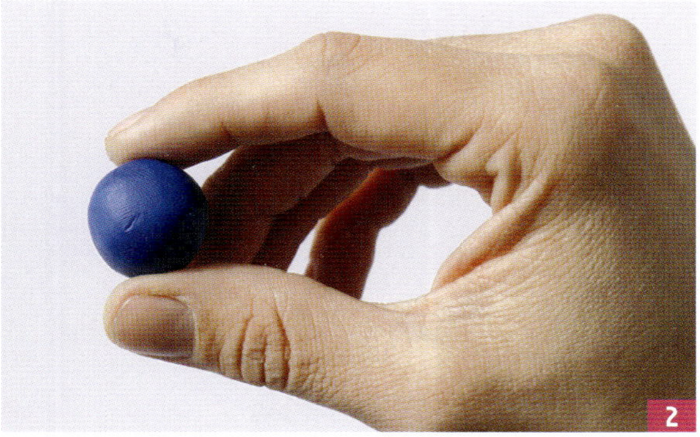

2 Faites une autre boule avec une quantité égale de pâte bleue.

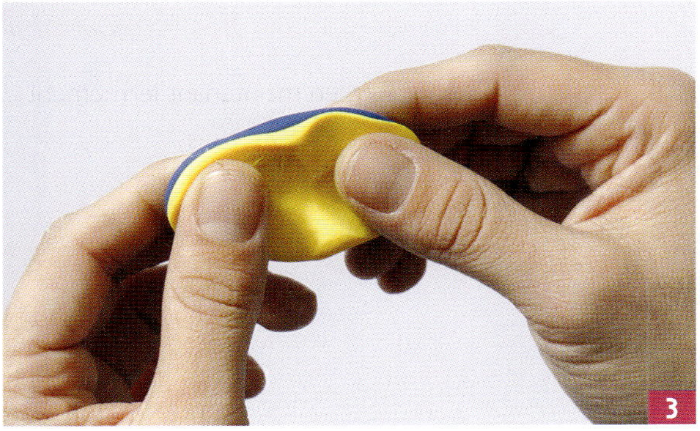

3 Écrasez ces boules l'une contre l'autre, avec les doigts, et mélangez les deux pâtes en les pétrissant bien…

4 … jusqu'à l'obtention d'une masse verte de couleur uniforme.

Le mélange des couleurs est tout un art. Il permet d'obtenir des tonalités d'une grande subtilité qui peuvent se révéler très intéressantes. Avec la pratique, vous découvrirez qu'il est possible de créer une infinité de nuances en mélangeant différentes teintes. Il n'est pas nécessaire de disposer d'un large éventail de pâtes de couleurs distinctes. Quelques couleurs de base suffisent : en les mélangeant, vous pourrez composer une vaste palette de coloris ou de tons.

Le rouge, le jaune et le bleu sont des couleurs primaires : elles ne peuvent pas être obtenues par mélange. En revanche, elles permettent, quand on les associe à parts égales, d'obtenir trois couleurs secondaires :
jaune + bleu = vert vif
jaune + rouge = orange
rouge + bleu = violet
En variant les proportions des mélanges et en essayant différentes combinaisons, vous pouvez obtenir une infinité de teintes intermédiaires, de nouveaux tons et nuances chromatiques qui peuvent être très séduisants.

Comment obtenir un effet marbré

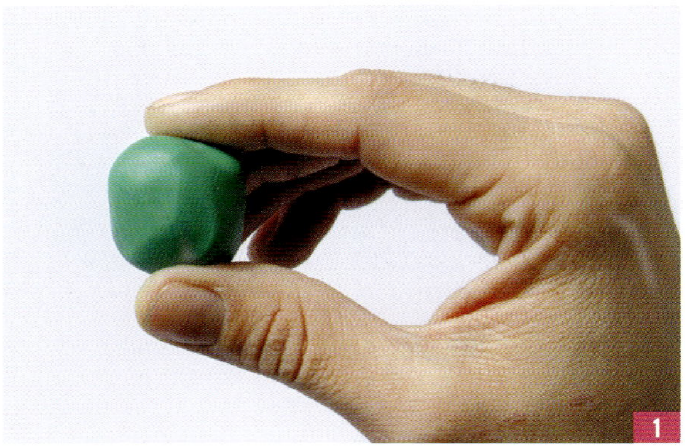

1 Pétrissez un morceau de pâte verte.

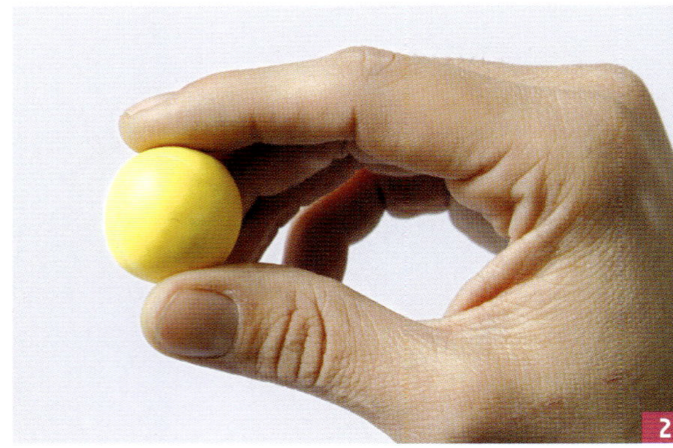

2 Pétrissez une quantité égale de pâte jaune.

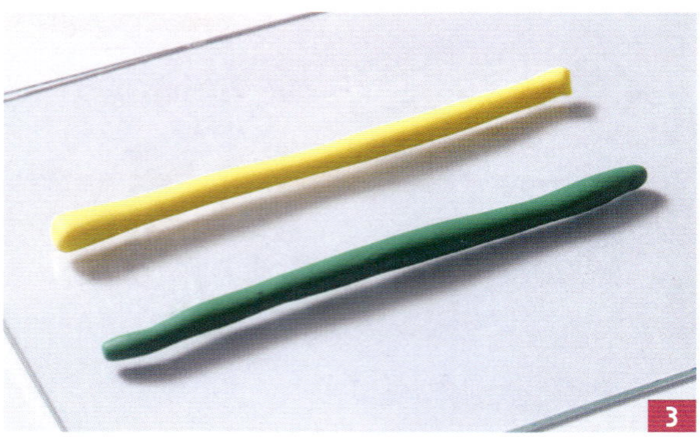

3 Façonnez un boudin avec chacune des pâtes.

4 Formez une torsade avec les deux boudins.

5 Mélangez les deux pâtes à la main, en façonnant un nouveau boudin.

6 Aplanissez ce boudin, au rouleau, sur une plaque en verre.

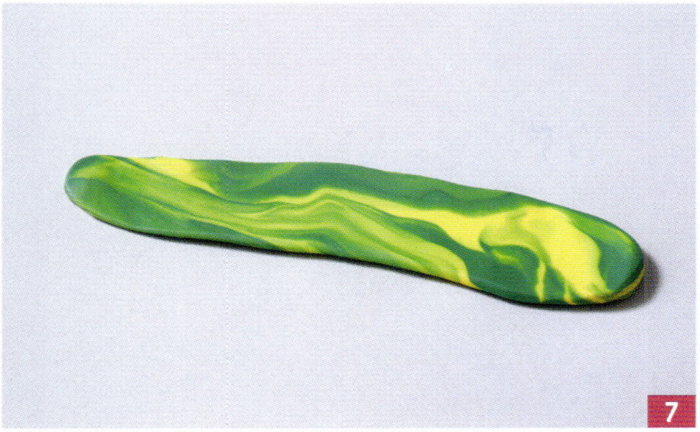

7 Vous obtiendrez ainsi une plaque d'aspect marbré.

En exploitant toutes les ressources offertes par les mélanges de couleurs, que ce soit pour obtenir des tons particuliers ou pour créer des effets de matière, vous pouvez donner plus de caractère à vos travaux en pâte polymère. N'hésitez pas à tirer parti de ces techniques : vous serez surpris des résultats obtenus.

Comment former un rouleau multicolore

1 Prenez une petite quantité de pâte de couleur rouge.

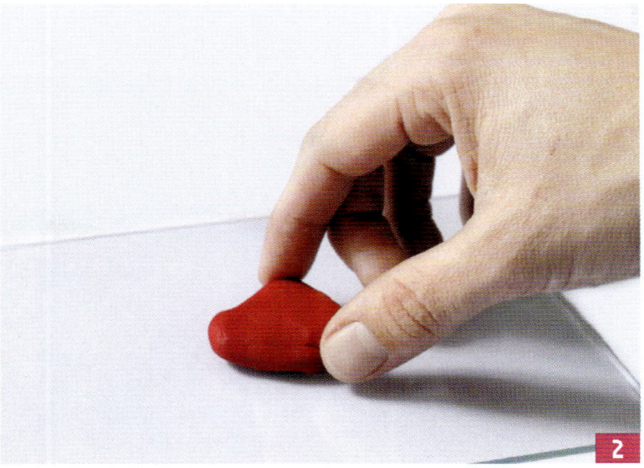

2 Pétrissez-la, puis posez-la sur une plaque en verre.

3 Aplanissez-la, au rouleau, pour obtenir une plaque fine et régulière.

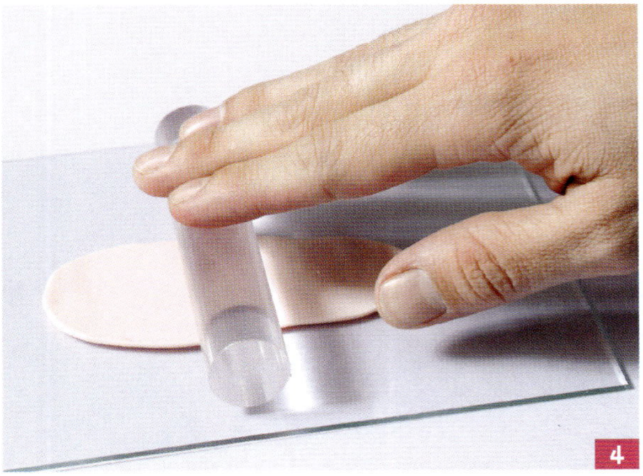

4 Formez une plaque en pâte rose clair, en suivant le même processus.

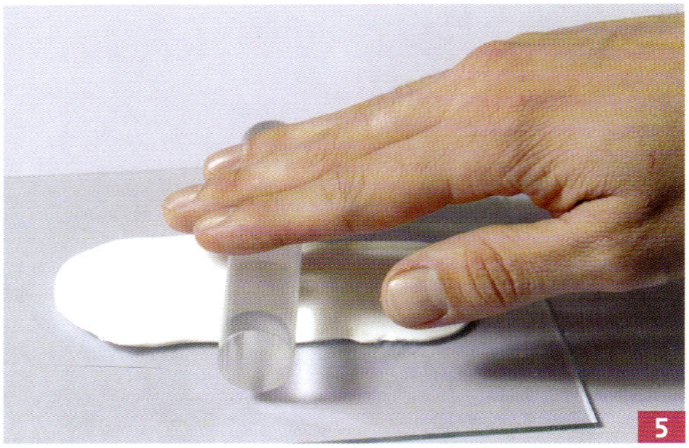

5 Répétez les étapes 1, 2 et 3 avec de la pâte blanche.

6 Posez les trois plaques l'une sur l'autre, en commençant par la rouge et en terminant par la blanche.

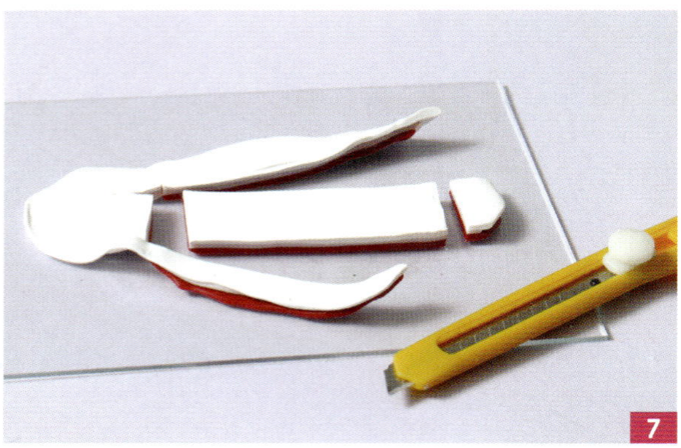

7 Vérifiez que les trois plaques sont bien jointes, puis égalisez leurs bords à l'aide d'un cutter et d'une règle, pour obtenir un rectangle net.

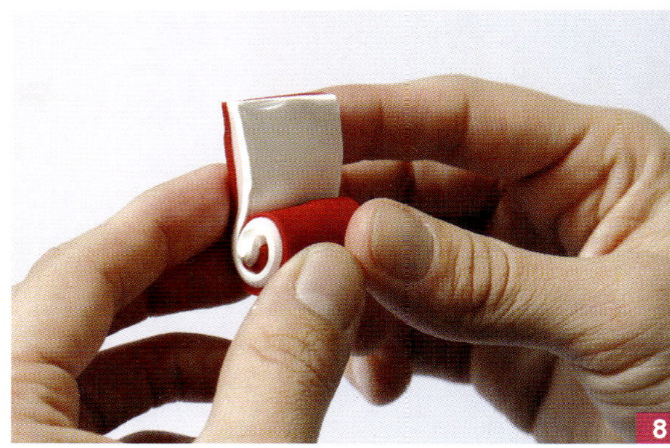

8 Enroulez ensuite les trois plaques ensemble, en les serrant étroitement, pour former un rouleau bien compact.

9 Après avoir formé le rouleau…

10 … vous pouvez le couper en tranches, au cutter.

Comment faire cuire une pièce

À la différence de la Plastiline, la pâte polymère peut être cuite au four : elle acquiert alors une dureté permanente. Toutefois, une pâte mal cuite n'aurait pas la consistance adéquate et se désagrégerait facilement. Nous vous conseillons donc de procéder comme indiqué ci-dessous pour obtenir une cuisson correcte.

1 Faites cuire vos pièces en pâte polymère dans votre four, qu'il soit à gaz ou électrique.

2 N'utilisez surtout pas de four à micro-ondes : il n'est pas adapté à cette opération.

3 Enfournez vos pièces sur une plaque en verre résistant à la chaleur, sur un carreau de céramique, ou bien posez-les sur la plaque du four.

4 Pour éviter que la pièce ne colle à la plaque du four, recouvrez cette dernière d'une feuille de papier sulfurisé.

5 Réglez la température de cuisson suivant les indications du fabricant. Elle est en général de 110 °C.

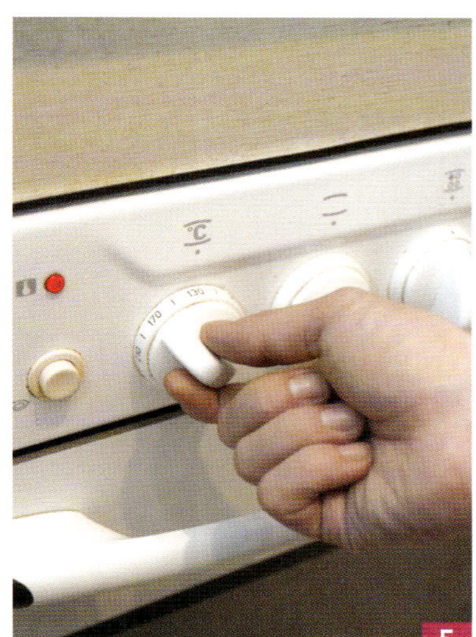

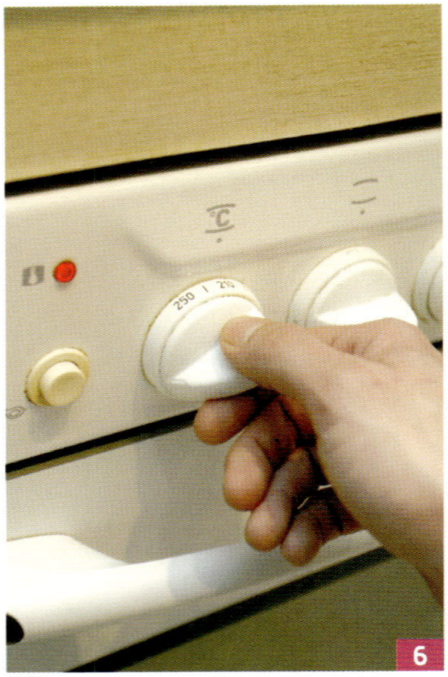

6 Pour éviter que la pâte ne brûle ou ne s'enflamme, veillez à ne pas dépasser cette température.

7 Les boutons de réglage de la température ne sont pas toujours d'une grande précision. Pour plus de sûreté, commencez par allumer le four, attendez qu'il atteigne la température indiquée : le voyant du thermostat s'éteint alors, puis contrôlez la température du four avec un thermomètre spécial.

8 Quand le four est à la bonne température, introduisez-y la pièce et laissez-la cuire au maximum 30 minutes, si elle est épaisse, ou 20 minutes au plus, si elle est peu épaisse. Pour calculer le temps de cuisson avec précision, sachez que l'on compte 15 minutes de cuisson pour une épaisseur de pâte de 6 mm.

TRÈS IMPORTANT

Avant de procéder à la cuisson d'une pièce, lisez très attentivement les instructions du fabricant figurant sur l'emballage de la pâte et veillez à les respecter. Si vous détectez la moindre anomalie en cours de cuisson (odeur étrange, fumée, etc.), éteignez immédiatement le four, retirez-en la pièce et sortez-la à l'air libre.

9 N'ouvrez pas le four durant la cuisson.

10 Une fois que la pâte est cuite, laissez-la refroidir avant de la manipuler, de la peindre ou de la vernir.

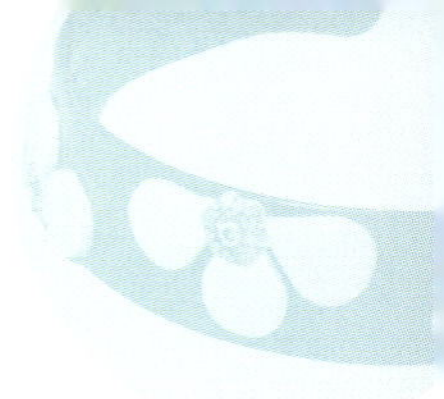

SERRE-TÊTE

NIVEAU DE DIFFICULTÉ : I

La plupart des femmes sont coquettes. Ainsi, certaines d'entre elles portent un serre-tête pour donner un aspect plus soigné à leur coiffure. Nous vous proposons ici de décorer cet accessoire de façon originale, afin de le rendre plus élégant.

Matériel

1. Pâte polymère blanche
2. Colle
3. Cutter
4. Calottes décoratives
5. Rouleau en verre ou en métacrylate
6. Emporte-pièce
7. Serre-tête
8. Plaque en verre ou en métacrylate

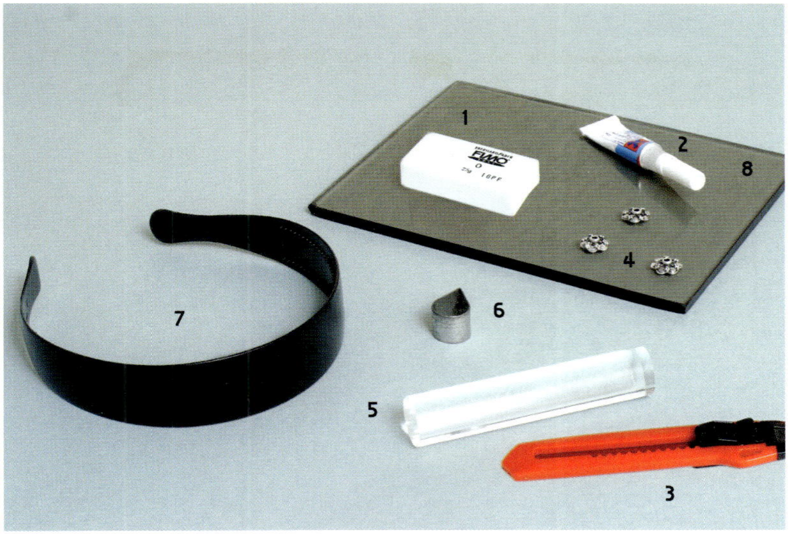

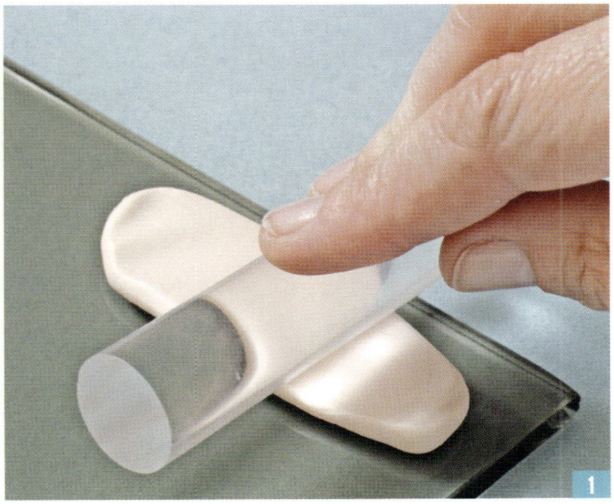

1 Aplanissez la pâte au rouleau pour obtenir une plaque lisse de la longueur et de la largeur voulues.

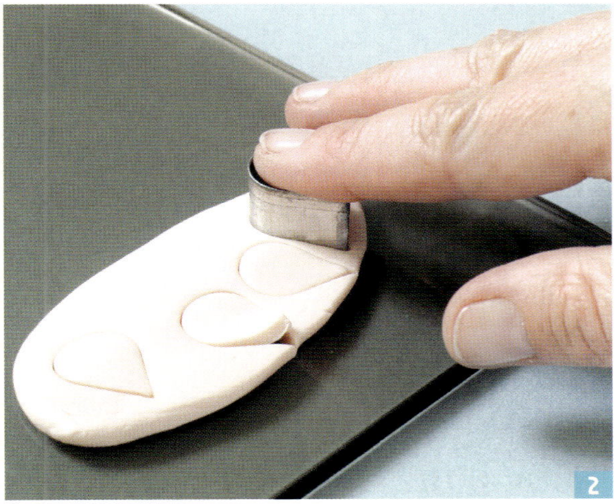

2 Découpez une série de pétales dans la plaque obtenue, à l'aide d'un emporte-pièce.

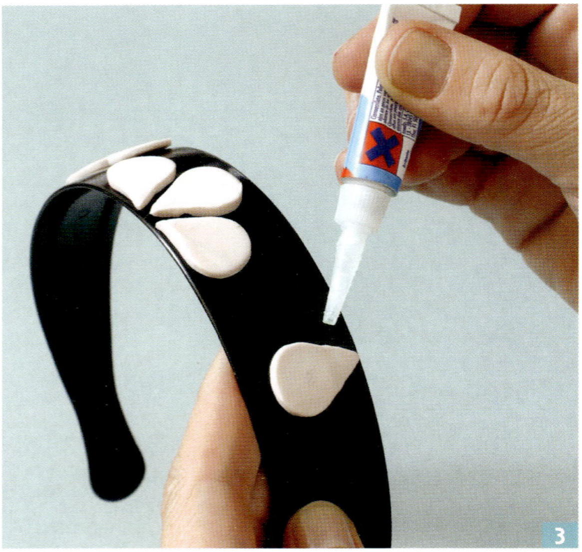

3 Faites cuire les pétales au four en suivant les instructions du fabricant, puis collez-les sur le serre-tête, en les assemblant de manière qu'ils forment trois demi-fleurs, l'une au centre et les autres situées de part et d'autre, en les inversant d'un motif à l'autre.

Les pétales ne doivent pas être de trop grande taille mais il faut qu'ils aient la même épaisseur.

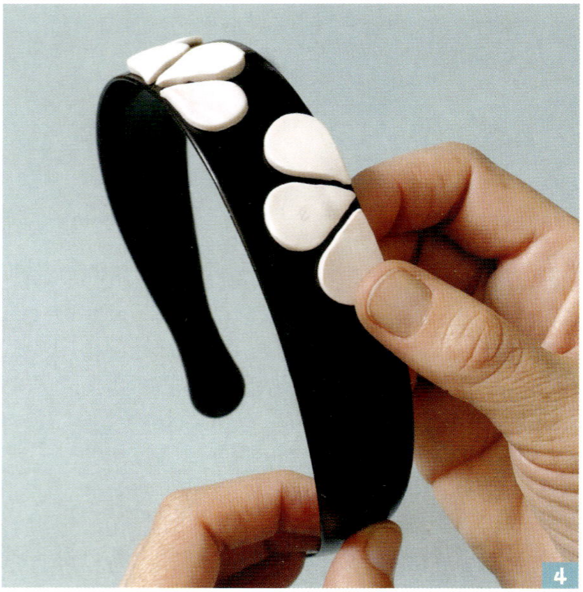

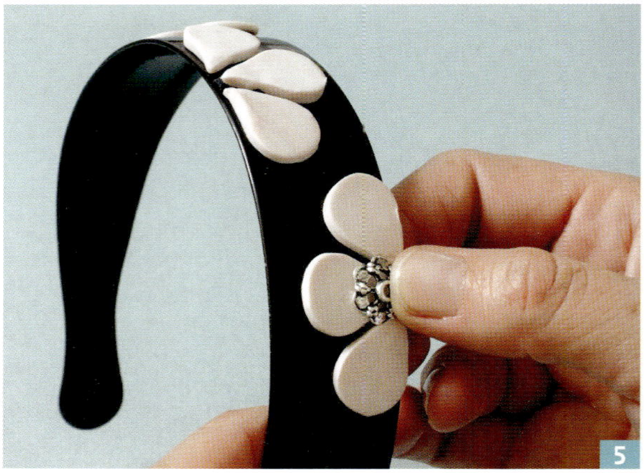

5 Appliquez une calotte décorative au centre des pétales, pour donner plus de relief à chaque fleur.

4 Ajustez, si nécessaire, la disposition des pétales, puis pressez-les fortement pour qu'ils adhèrent bien au serre-tête.

6 Vérifiez que les calottes sont bien situées au centre des pétales. La décoration du serre-tête est terminée.

THÈME 2

BAGUE ET BOUCLES D'OREILLES

NIVEAU DE DIFFICULTÉ : I

En dépit de leur grande simplicité, cette bague et ces boucles d'oreilles au motif en forme de spirale sont du plus bel effet. Vous élaborerez sans difficulté ces accessoires modernes aux couleurs contrastées qui donneront du caractère à vos tenues.

Matériel

1. Pâtes blanche, noire et rouge
2. Cutter
3. Pinceau
4. Colle
5. Montures de boucles d'oreilles
6. Monture de bague
7. Rouleau en verre ou en métacrylate
8. Vernis
9. Plaque en verre ou en métacrylate

Préparation de la pâte

1 Aplanissez la pâte rouge au rouleau, pour obtenir une plaque de l'épaisseur voulue.

2 Avec le cutter, découpez une bande rectangulaire dans la plaque obtenue. Répétez ces opérations avec les pâtes noire et blanche.

3 Vous disposez alors de trois bandes rectangulaires de couleurs différentes. Superposez-les, en commençant par la bande noire et en terminant par la couleur rouge.

4 Enroulez les trois bandes avec les doigts, de façon à obtenir un rouleau.

Réalisation des bijoux

6 Ces tronçons doivent être de taille égale, car deux d'entre eux formeront les boucles d'oreilles et le troisième, la bague. Veillez à ce que leurs tranches soient parfaitement nettes, sans bavures.

5 Avec le cutter, sectionnez le rouleau obtenu en trois tronçons.

7 Appliquez un peu de colle au centre de la spirale que forme chaque tronçon.

8 Fixez les montures sur les éléments destinés aux boucles d'oreilles.

Au moment d'enfourner une pièce, respectez toujours scrupuleusement les instructions du fabricant.

9 Après avoir fixé les montures des deux boucles d'oreilles, appliquez de la colle sur l'élément devant former la bague, et fixez la monture correspondante.

10 Les trois éléments de la parure sont achevés. Il ne vous reste plus qu'à les cuire au four.

11 Après les avoir sortis du four, recouvrez-les, au pinceau, d'une couche de vernis brillant.

PLAT EN CÉRAMIQUE

NIVEAU DE DIFFICULTÉ : I

Pour personnaliser un intérieur, il est facile d'embellir de nombreux objets. Rehaussé d'un motif original, un plat en céramique blanche, par exemple, peut devenir un bel objet décoratif.

Matériel

1. Plat en céramique
2. Feuille de cuivre
3. Cutter
4. Pâte violette
5. Plaque en verre ou en métacrylate
6. Emporte-pièce en verre
7. Colle

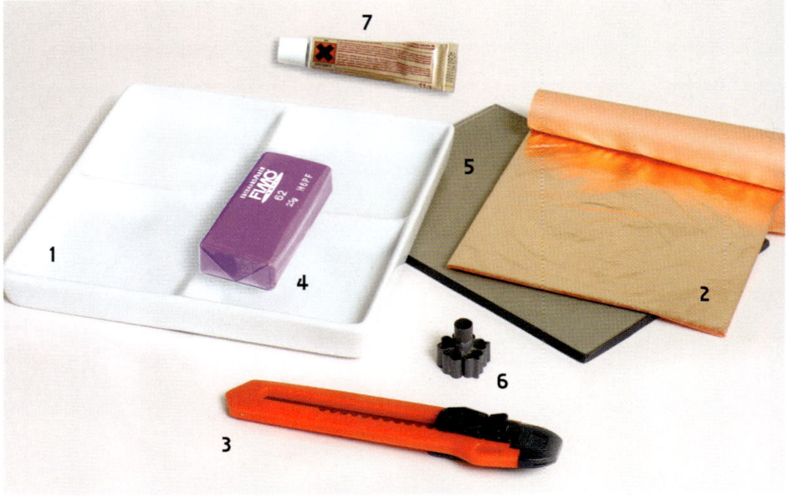

1 Modelez un boudin de 5 cm de long avec un morceau de pâte.

2 Recourbez une de ses extrémités. Formez un autre boudin identique, deux boudins de 7 cm et un de 9 cm. Recourbez une de leurs extrémités.

3 Collez les boudins, en éventail, dans un compartiment du plat, en partant de l'angle interne et en plaçant les deux plus courts à l'extérieur.

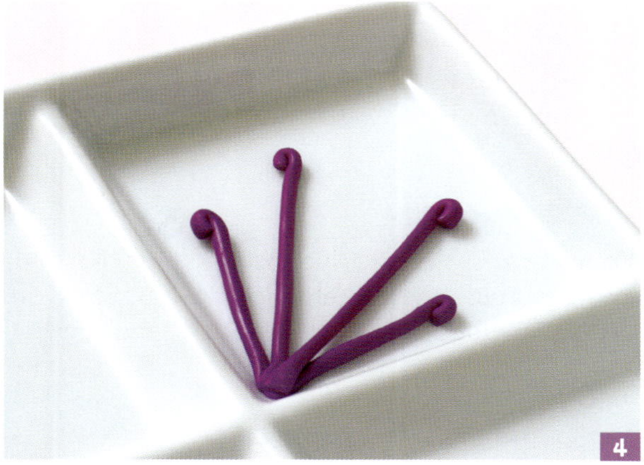

4 Placez ceux de 7 cm à côté des deux premiers, vers l'intérieur…

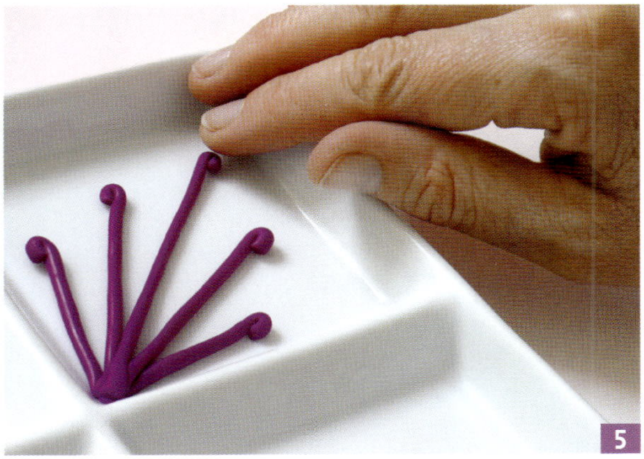

5 … et le plus long au centre, dans l'axe de la diagonale.

Redécoupez trois séries de cinq boudins de la même manière, puis répétez les étapes 4, 5 et 6 pour décorer les trois autres compartiments du plat.

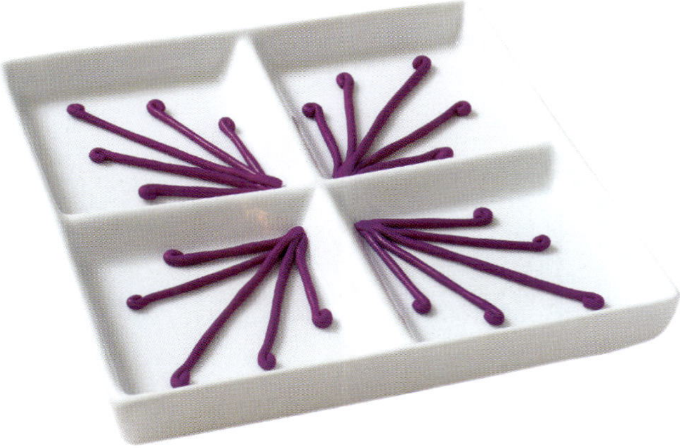

6 Prélevez une petite quantité de pâte, et aplatissez-la avec les doigts.

7 Posez la feuille de cuivre sur la plaque obtenue.

8 Découpez une fleur avec l'emporte-pièce.

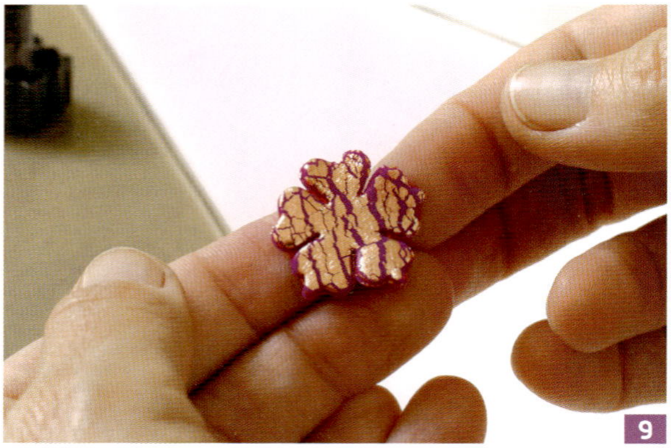

9 Détachez-en les pétales…

10 … et collez-les dans l'angle central de chacun des compartiments.

11 La décoration du plat est terminée. Il ne vous reste plus qu'à enfourner la pièce en suivant les instructions du fabricant.

THÈME 4

PORTE-LETTRES

NIVEAU DE DIFFICULTÉ : I

Apprenez à tirer parti des objets ordinaires les plus simples en les décorant de façon originale. Avec un peu d'habileté et d'imagination, vous pourrez modifier totalement leur aspect. Orné d'un motif informel, ce porte-lettres reste fonctionnel tout en étant très décoratif.

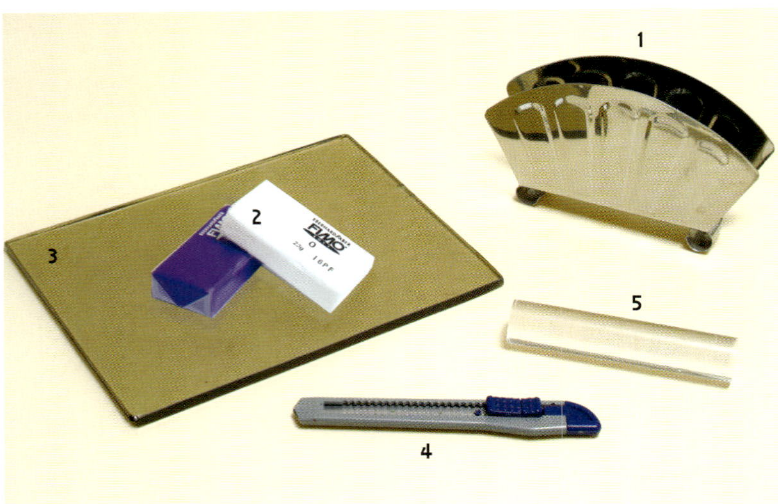

Matériel

1. Porte-lettres
2. Pâtes blanche et violette
3. Plaque en verre ou en métacrylate
4. Cutter
5. Rouleau en verre ou en métacrylate

Lorsque vous poserez la plaque de pâte sur le porte-lettres, manipulez-la avec beaucoup de précaution, car elle est très fragile. Étant donné sa finesse, elle peut en effet se déformer ou se fendiller.

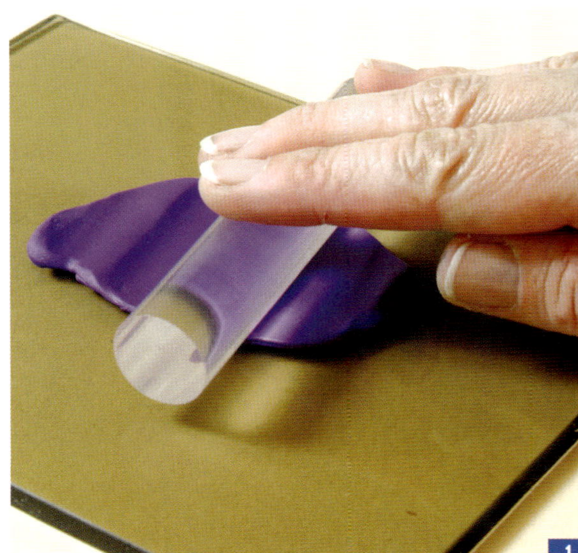

1

Aplanissez le pain de pâte violette, au rouleau, sur la plaque en verre, jusqu'à l'obtention d'une plaque fine et régulière.

2 Soulevez délicatement la plaque de pâte et appliquez-la avec soin sur le porte-lettres.

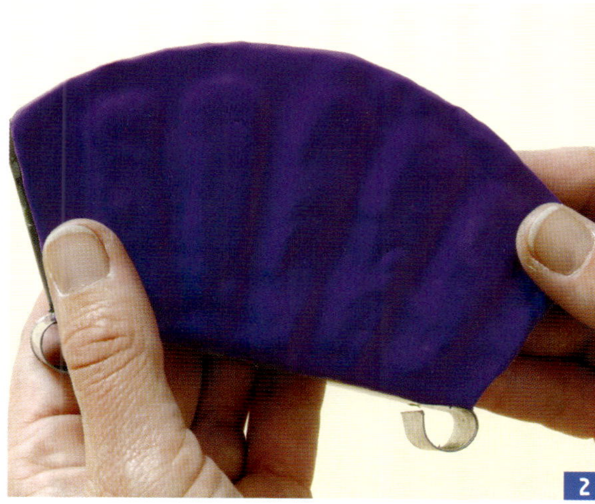

2

3 Prenez de la pâte blanche et aplanissez-la au rouleau, pour obtenir une plaque fine. Découpez cette plaque au cutter en bandes et morceaux de formes variées, comme le montre la photographie.

3

Prenez votre temps, ne brûlez pas les étapes. Concentrez-vous bien sur ce que vous faites, sans vous laisser distraire. Pour être réussi, tout travail de décoration demande à être élaboré avec beaucoup de calme, sans précipitation. À l'issue de chaque étape du processus, observez le résultat obtenu et ne passez à l'étape suivante que si vous en êtes entièrement satisfait.

4

4 Posez des bandes blanches régulières sur les bords du porte-lettres, de façon à en délimiter entièrement le contour.

5

6

5 Disposez les triangles de pâte blanche aux contours sinueux sur la plaque violette recouvrant le porte-lettres, en les répartissant de façon régulière.

6 Prenez des bandes de pâte étroites et roulez-les avec vos doigts sur la plaque en verre, pour former des boudins très fins de différentes longueurs. Posez ces boudins entre les éléments déjà en place et enroulez leur extrémité en volute.

7

7 Poursuivez ce travail jusqu'à ce que tous les espaces séparant les bandes soient décorés. Comme vous pouvez le voir sur la photographie, les extrémités des boudins ne sont pas toutes enroulées de la même manière. Certaines forment des boucles, d'autres des spirales serrées. Cela permet de donner un aspect moins formel au motif décoratif.

8 Après avoir achevé la décoration du porte-lettres, apportez-y éventuellement quelques retouches, pour en parfaire la finition. Enfournez la pièce en suivant les instructions du fabricant.

8

THÈME 5

RONDE DE SERVIETTE

NIVEAU DE DIFFICULTÉ : I

Ces jolis ronds de serviette seront sans aucun doute appréciés de vos proches ou de vos invités. Libre à vous de choisir une couleur qui se marie mieux à celle de votre vaisselle ou de votre nappe, ou différentes couleurs, une par personne, pour les individualiser ou apporter une touche d'originalité à votre table.

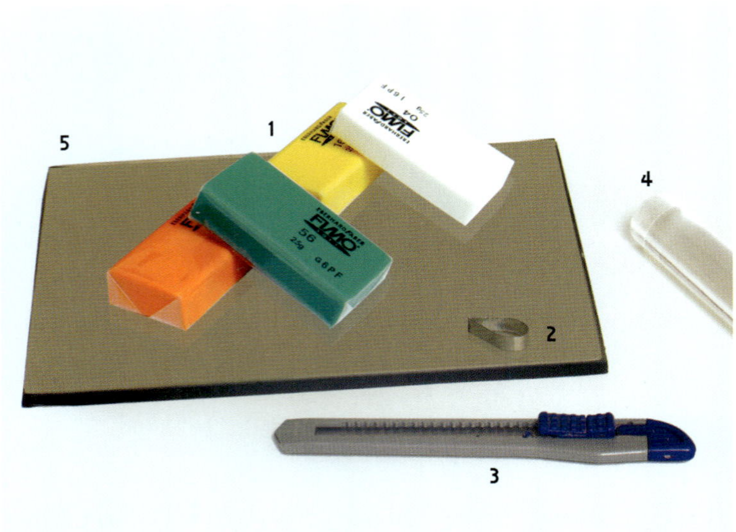

Matériel

1. Pâtes verte, orange, jaune et blanche
2. Emporte-pièce
3. Cutter
4. Rouleau en verre ou en métacrylate
5. Plaque en verre ou en métacrylate

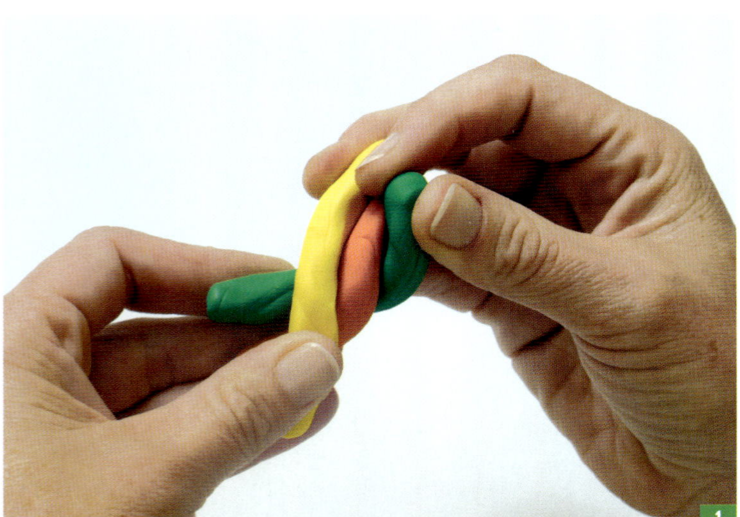

Prélevez trois morceaux de pâte de couleur verte, jaune et orange, allongez-les puis torsadez-les ensemble.

2 Malaxez-les ensuite avec les doigts jusqu'à l'obtention d'une pâte de couleur uniforme.

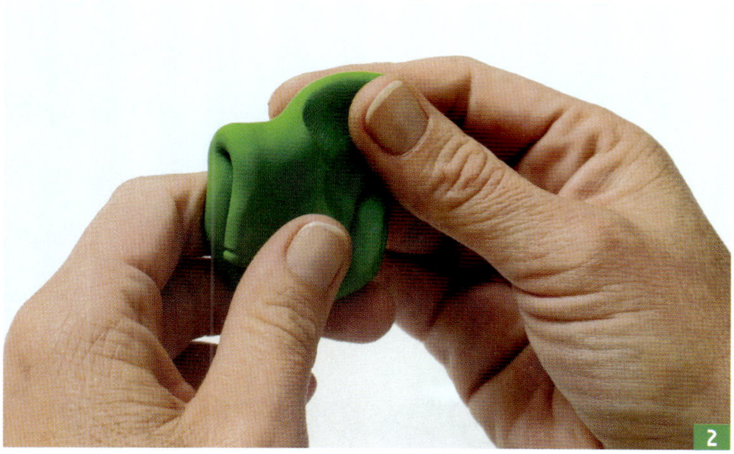

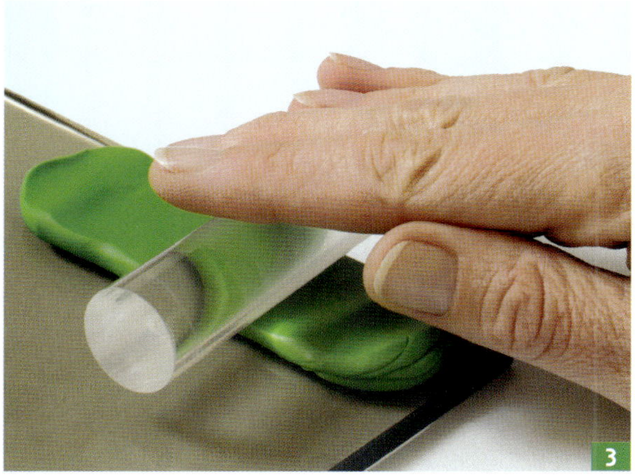

3 Aplanissez la pâte au rouleau pour former une plaque fine et lisse.

4 Coupez les bords verticaux de la plaque au cutter, pour obtenir une bande régulière, puis taillez une extrémité à angle droit et l'autre en biseau.

5 Avec l'emporte-pièce, incisez la bande de pâte en dessinant le motif de votre choix.

6 Retirez délicatement les morceaux de pâte constituant le motif.

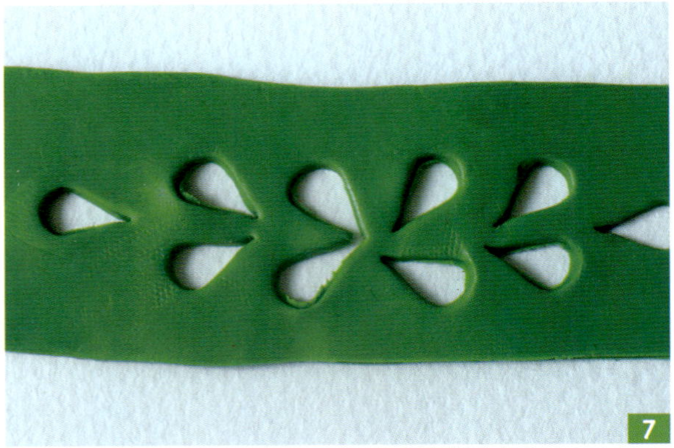

7 Une fois les petits morceaux de pâte enlevés, le motif a cet aspect.

8 Aplanissez au rouleau un morceau de pâte blanche, pour obtenir une plaque fine.

9 Recouvrez la plaque blanche de la bande verte au motif ajouré, puis découpez ses bords au cutter, pour obtenir deux bandes de même largeur.

10 Enroulez les bandes avec vos mains, pour former un cylindre. Appuyez bien sur les extrémités, pour le sceller, et lissez les raccords pour plus de discrétion.

11 Faites cuire la pièce au four en respectant les instructions du fabricant.

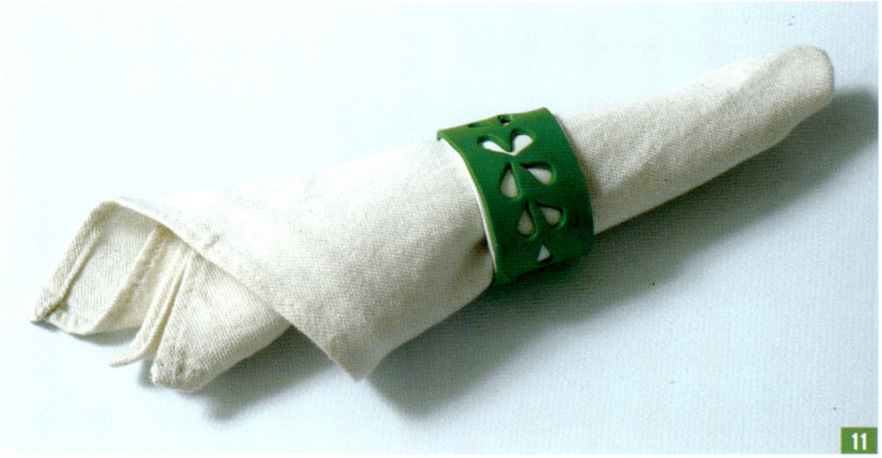

THÈME 6

BOUGIE

NIVEAU DE DIFFICULTÉ : I

Si elle est bien mise en valeur, une bougie peut servir à décorer un meuble ou une étagère, ou à compléter la parure d'une table pour un repas de fête ou une soirée romantique. Nous vous proposons ici d'orner une bougie blanche d'un motif abstrait minimaliste, associant lignes sinueuses et triangles, assez discret pour s'intégrer à n'importe quel style de décoration.

Matériel

1. Pâtes marron et rouge
2. Bougie
3. Colle
4. Plaque en verre ou en métacrylate
5. Rouleau en verre ou en métacrylate

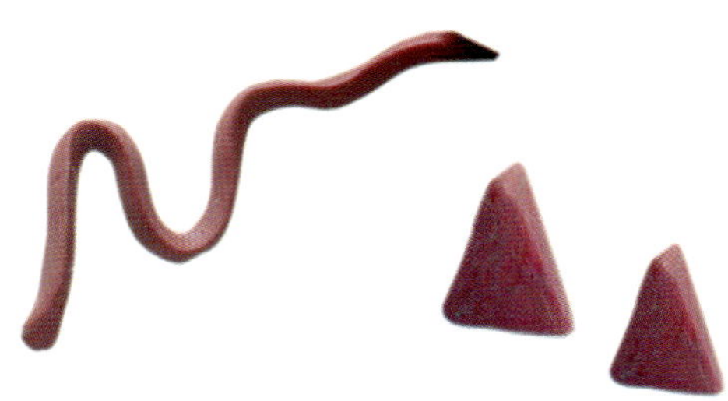

I Prélevez une petite quantité de pâte rouge et la même quantité de pâte marron. Mélangez les deux morceaux de pâte avec les doigts.

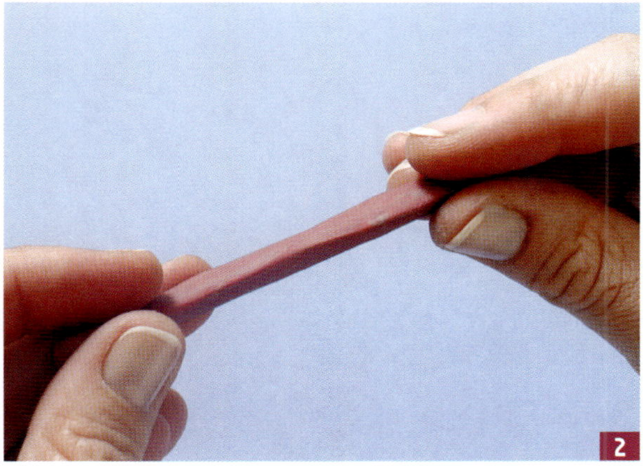

2 Avec un petit morceau de pâte, modelez une bande fine, en lui donnant une section triangulaire.

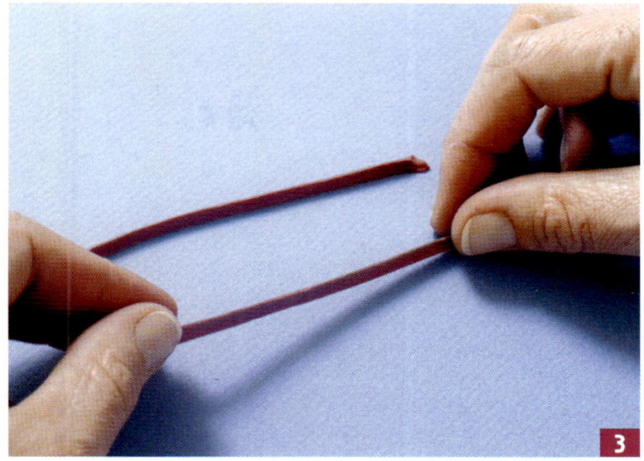

3 Confectionnez ainsi plusieurs bandes très fines, en leur donnant la même forme.

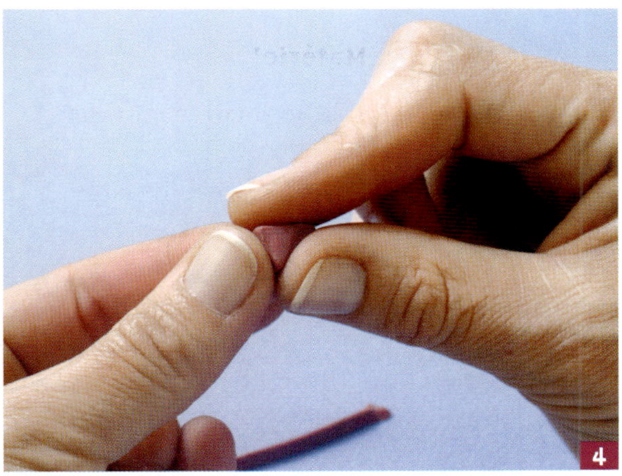

Les bandes fines de section triangulaire qui vont servir à décorer la bougie doivent être aussi régulières que possible. Leur modelage n'offre aucune difficulté, mais il doit être particulièrement soigné. Si vous voulez que l'effet obtenu soit réussi, travaillez avec minutie.

4 Prélevez une petite quantité de pâte à l'extrémité de chaque bande, pour former de petits triangles.

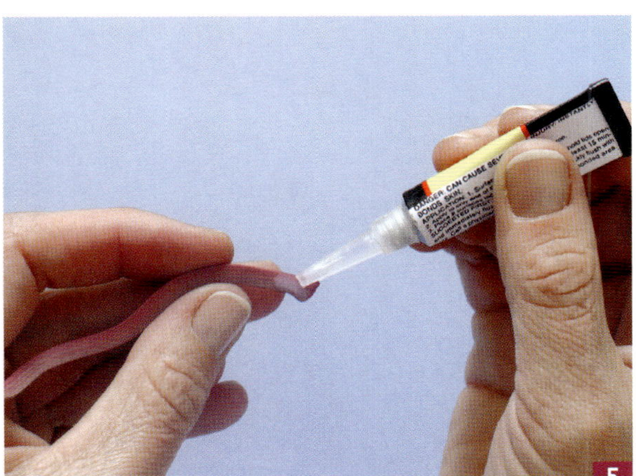

5 Appliquez de la colle sur toute la longueur des bandes.

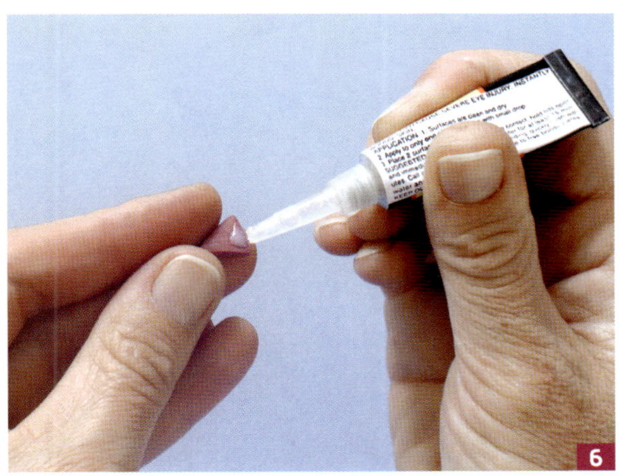

6 Déposez un peu de colle sur une des faces de chaque triangle.

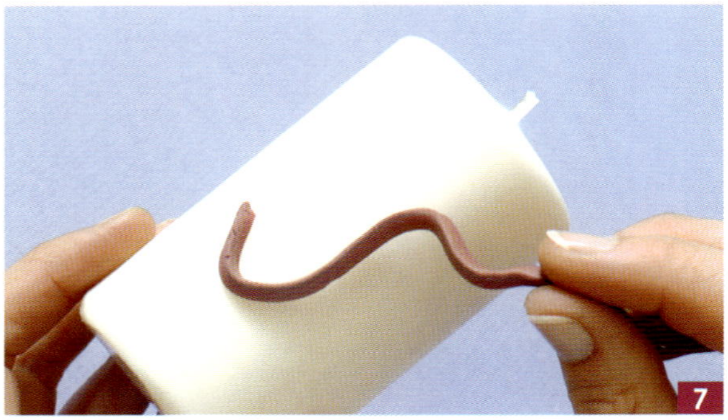

7

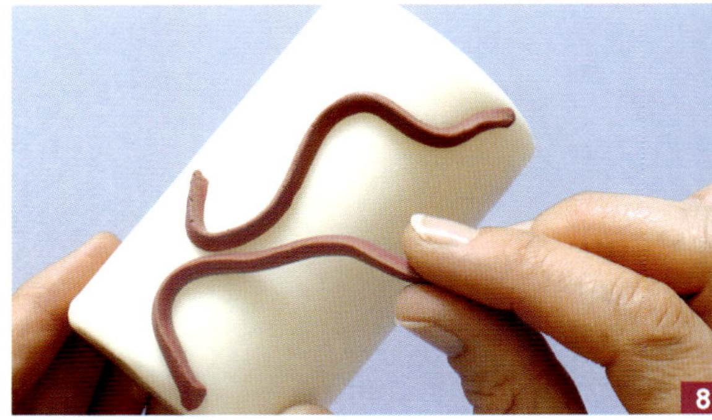

8

7 Collez une première bande sur la bougie, en lui donnant une forme sinueuse.

8 Collez les autres bandes de la même façon : commencez par fixer l'une de leurs extrémités sur la partie inférieure de la bougie, puis progressez vers le haut. Faites adhérer les bandes à la bougie en exerçant une très légère pression des doigts.

9

Bien qu'il s'agisse d'un motif abstrait, ayez toujours une idée claire de la manière dont vous allez disposer les bandes décoratives sur la bougie avant de les mettre en place, pour qu'elles forment un ensemble équilibré. Vous pouvez choisir une composition différente de celle présentée ici, mais évitez d'improviser car vous risquez d'être déçu par le résultat.

9 Chaque fois que vous collez une bande, veillez à lui donner une forme qui s'harmonise avec celles des autres bandes. Ajustez, si nécessaire, sa position jusqu'à ce qu'elle vous satisfasse. Pressez délicatement la bande avec les doigts pour la fixer à la bougie.

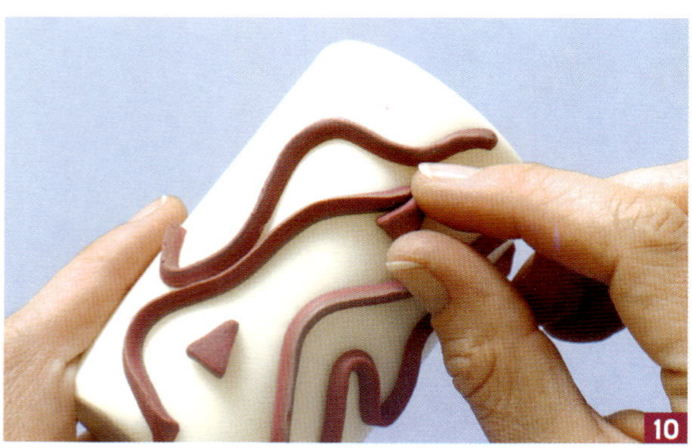

10

10 Lorsque vous aurez fixé toutes les bandes, mettez en place les petits triangles, pour compléter le motif.

11 Après avoir réparti de façon harmonieuse tous les éléments, laissez sécher la colle pendant 2 heures. La décoration de la bougie sera terminée.

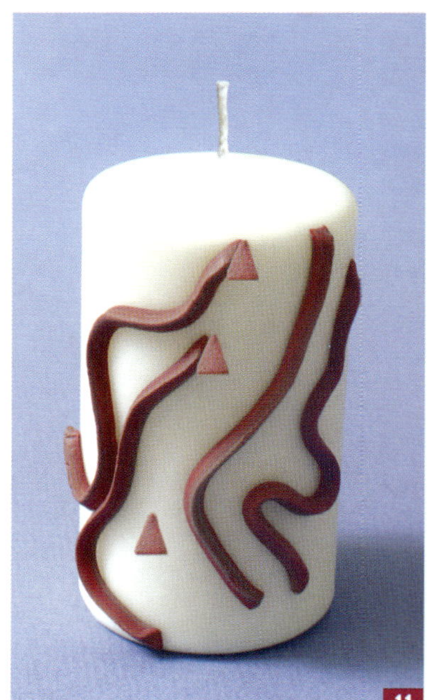

11

THÈME 7

COLLIER ET BOUCLES D'OREILLES

NIVEAU DE DIFFICULTÉ : I

Une parure composée d'un collier et de boucles d'oreilles assorties apporte une touche d'élégance à n'importe quelle tenue, pour peu qu'elle s'harmonise bien avec cette dernière. Celle que nous vous proposons de réaliser ici est de bon goût, discrète et délicate.

Matériel

1. Pâtes blanche et rouge
2. Vernis
3. Pinceau
4. Fil métallique pour le collier
5. Anneaux de jonction
6. Fermoir mousqueton
7. Calottes décoratives
8. Tiges ou clous de montage
9. Pince à becs ronds
10. Pince coupante
11. Montures de boucles d'oreilles
12. Rouleau en verre ou en métacrylate
13. Plaque en verre ou en métacrylate

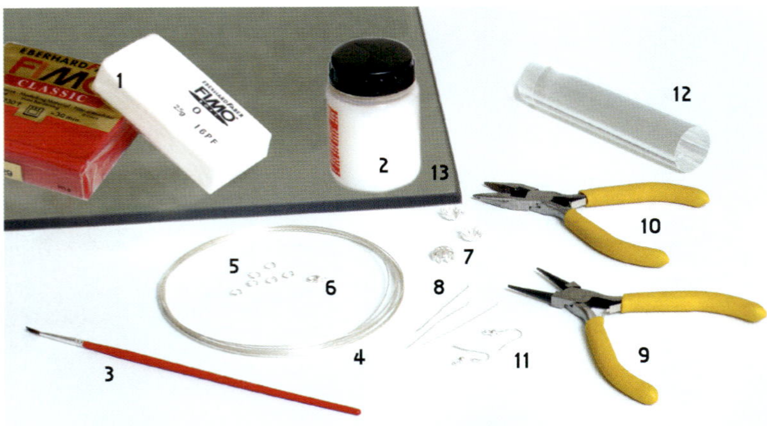

Modelage des pendeloques

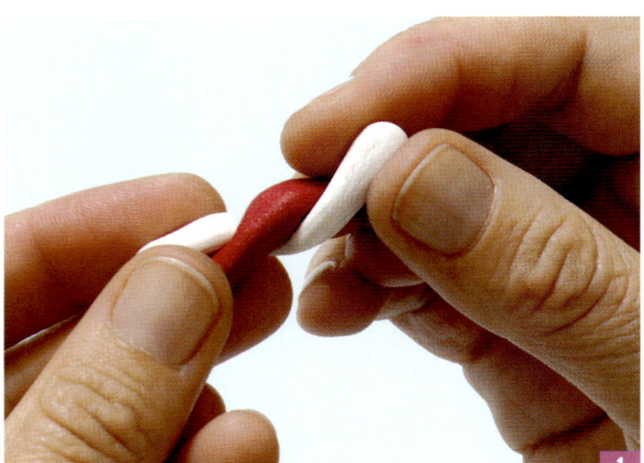

1 Prélevez une petite quantité de pâte blanche et une quantité égale de pâte rouge, puis commencez à les mélanger…

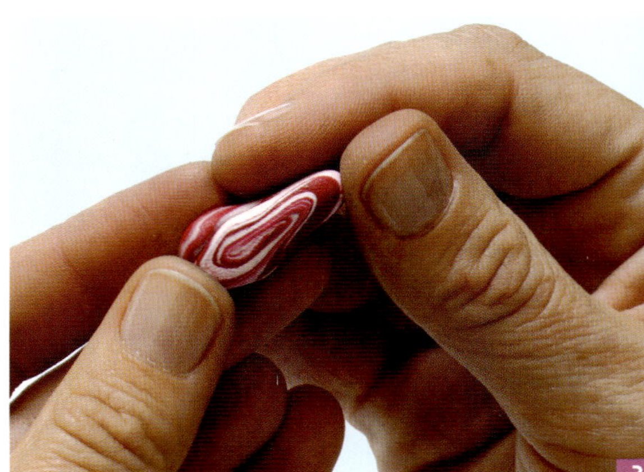

2 … jusqu'à l'obtention d'une pâte aux marbrures bien visibles.

3

3 Modelez cette pâte avec les doigts de façon à obtenir trois petits éléments en forme de poire : deux plus petits pour les boucles d'oreilles, et un plus grand pour le pendentif.

Il est essentiel que les deux petits éléments en forme de poire qui vont servir à confectionner les boucles d'oreilles soient de la même taille.

4

4 Fixez une calotte décorative à la base de chacun des éléments que vous venez de modeler.

Réalisation des boucles d'oreilles

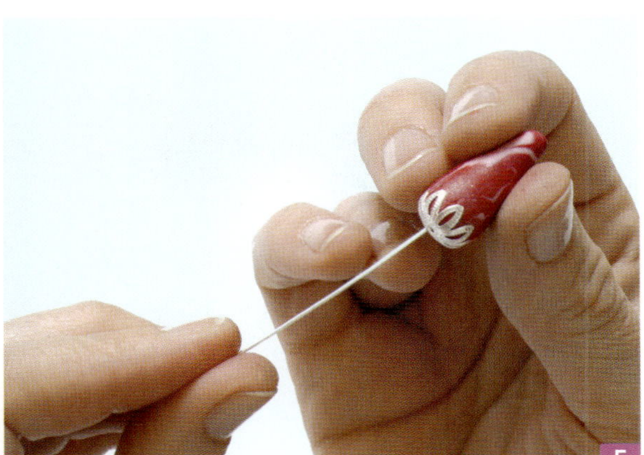

5

6

5 Introduisez une tige de montage dans le petit trou de la calotte que vous venez de mettre en place sur un des petits éléments, puis transpercez entièrement celui-ci.

6 Enfilez l'anneau de la monture de la boucle d'oreille sur l'extrémité supérieure de la tige.

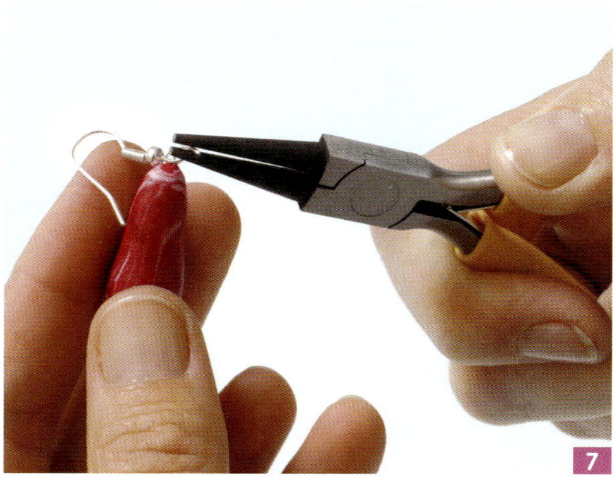

7 Avec la pince à becs ronds, recourbez la tige, de façon qu'elle retienne l'anneau.

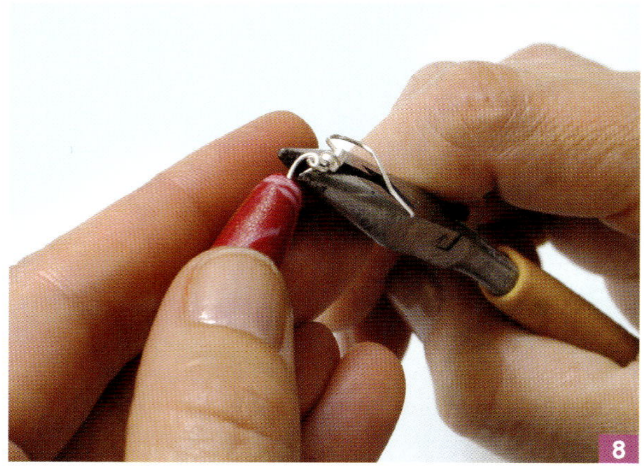

Manipulez la pince
avec beaucoup de précaution
pour refermer les boucles
et anneaux, de façon à ne pas endommager
les éléments en pâte.

8 Après avoir assemblé ces deux éléments, serrez-les fortement à la pince, pour bien les fixer. Confectionnez la seconde boucle d'oreille de la même façon.

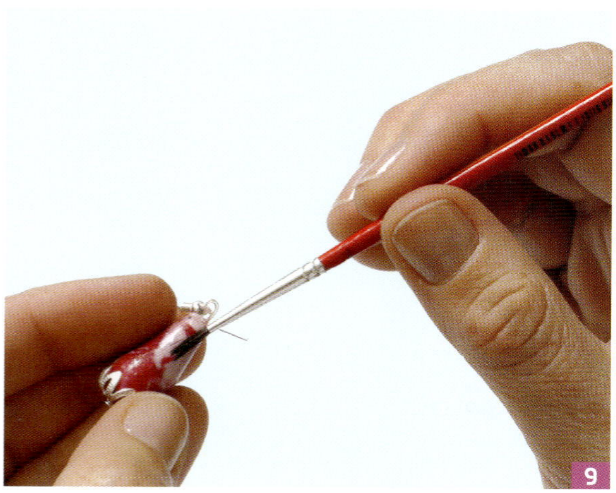

9 Faites cuire les boucles d'oreilles au four, en suivant les instructions du fabricant, puis appliquez une couche de vernis, à l'aide du pinceau.

10 Les boucles d'oreilles sont alors terminées, il ne reste plus qu'à confectionner le collier.

Confection du collier

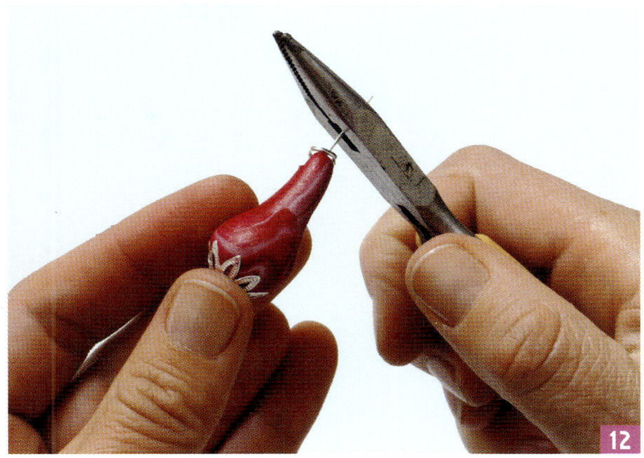

11 Répétez l'opération 5 avec le dernier élément de pâte, le pendentif du collier.

12 Coupez à la pince la tige de montage en excédent.

13 Mettez l'anneau de jonction en place, puis recourbez la tige à l'aide de la pince à becs ronds.

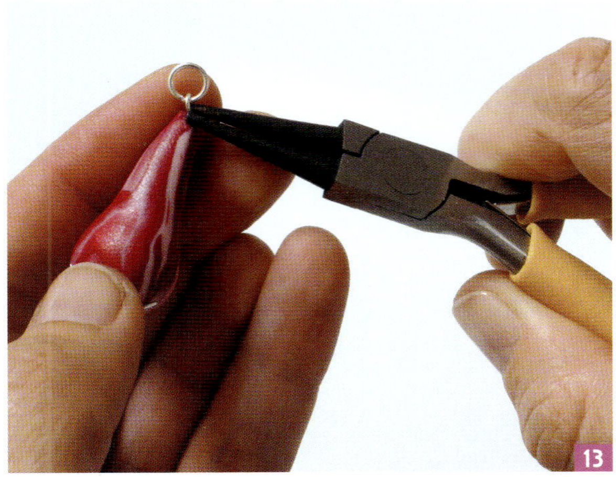

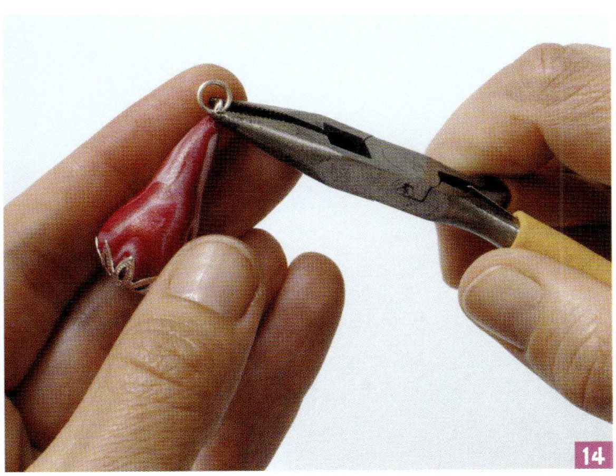

Lorsque vous utilisez les pinces pour recourber les tiges métalliques ou resserrer les anneaux, maniez-les avec beaucoup de délicatesse, pour ne pas endommager les éléments en pâte.

14 Refermez à la pince la boucle que vous venez de former sur l'anneau de jonction.

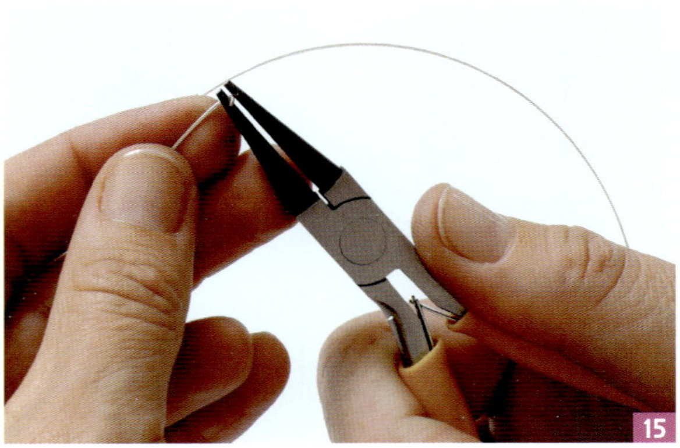

15 Coupez la longueur de fil nécessaire pour le collier, et recourbez-en les extrémités à la pince…

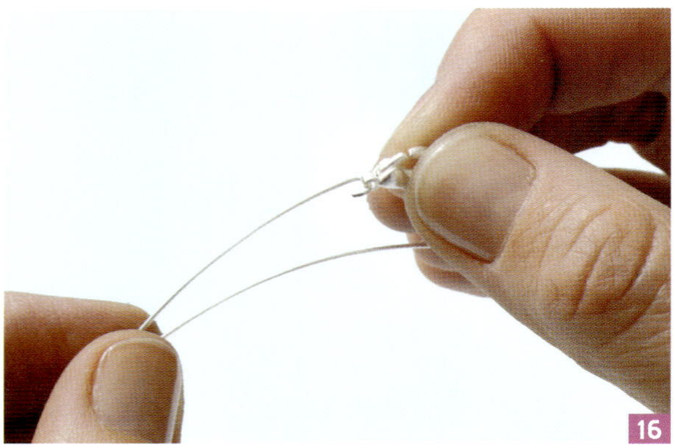

16 … puis fixez le fermoir à l'une de ses extrémités.

17 Pour éviter que le fermoir ne se détache, serrez fortement, à la pince, la boucle formée à l'extrémité du collier.

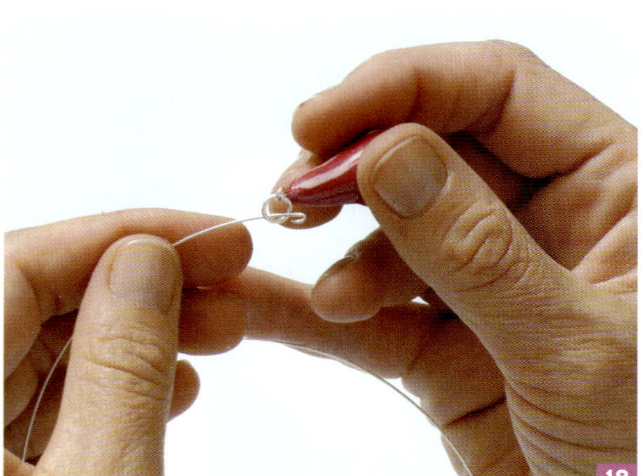

18 Enfilez le pendentif sur le collier en fil métallique.

19 Accrochez un anneau à la boucle de l'autre extrémité du collier et refermez cette dernière à la pince, pour bien le fixer. Enfournez les trois pièces de la parure en vous conformant aux instructions du fabricant.

THÈME 8

BOCAL À BONBONS

NIVEAU DE DIFFICULTÉ : I

Il suffit d'un peu d'imagination pour embellir un grand nombre d'objets utilitaires, de façon qu'à leur fonction première s'ajoute un rôle décoratif. Nous avons choisi ici un bocal à bonbons. Décoré d'un motif semblable à un arc-en-ciel, il devient beaucoup plus attrayant.

Matériel

1. Pâtes violette, verte, orange, jaune et rouge
2. Vernis
3. Cutter
4. Bocal en verre
5. Rouleau en verre ou en métacrylate
6. Plaque en verre ou en métacrylate

1 Prenez de la pâte de couleur violette et roulez-la sous vos doigts pour former un boudin assez fin.

2 Modelez d'autres boudins avec les pâtes orange, jaune, verte et rouge.

3 Posez ces boudins côte à côte, en veillant à ne pas laisser d'espace entre eux.

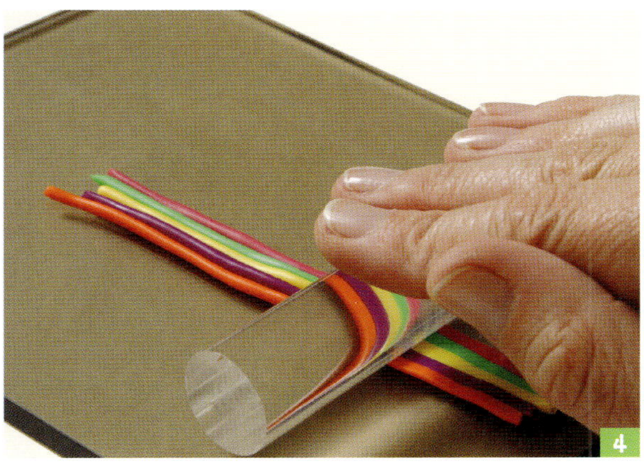

4 Aplanissez les boudins au rouleau jusqu'à l'obtention d'une bande mince.

5 Avec le cutter, coupez nettement les extrémités de cette bande et égalisez ses bords.

6 La bande doit être parfaitement rectangulaire. Réalisez d'autres bandes en procédant de la même façon.

Coupez les extrémités des bandes en fonction de la manière dont vous allez les disposer sur le bocal en verre.

7

7 Maintenez le bocal d'une main et, de l'autre, appliquez à sa surface une bande de pâte, dans la position de votre choix. Nous avons choisi, ici, de la placer en diagonale.

8

8 Appliquez la bande avec soin sur le bocal, en veillant à ne pas la déformer, puis pressez-la délicatement pour la faire bien adhérer, en vous assurant que ses extrémités sont bien fixées.

9

9 Si vous avez positionné une bande de telle manière que l'une de ses extrémités se trouve à mi-hauteur de la paroi du récipient, posez la bande suivante sur cette extrémité, pour la recouvrir.

10

10 Si vous superposez deux bandes, vous devez obtenir ce résultat. Lorsque vous aurez achevé la décoration du bocal, enfournez celui-ci, en respectant les instructions du fabricant.

11

11 Après avoir sorti le bocal du four, appliquez une couche de vernis sur les bandes.

PHOTOPHORE

NIVEAU DE DIFFICULTÉ : I

Ce projet, d'une grande simplicité, va vous permettre de vous initier au modelage de la pâte polymère et vous donner envie de l'utiliser pour embellir de multiples objets. Facile à réaliser, ce décor donnera une belle allure à un photophore et apportera une note de gaieté à votre table de jardin.

Matériel

1. Pâtes rouge et blanche
2. Verre
3. Cutter
4. Colle
5. Rouleau en verre ou en métacrylate
6. Plaque en verre ou en métacrylate

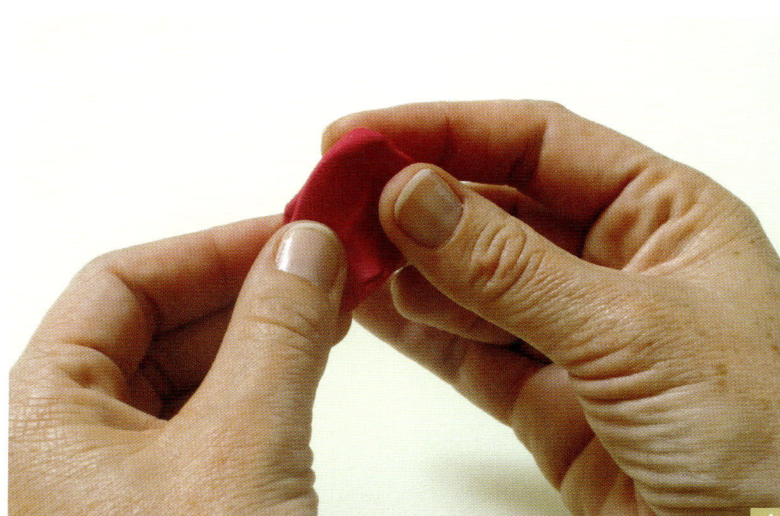

I Prenez une petite quantité de pâte rouge et de pâte blanche, en parts égales, et mélangez-les jusqu'à l'obtention d'une pâte de couleur uniforme.

2 Après avoir bien mélangé la pâte, placez-la sur la plaque en verre et roulez-la avec les doigts pour former un boudin aussi fin que possible.

3 Coupez ce boudin en tronçons de la même longueur.

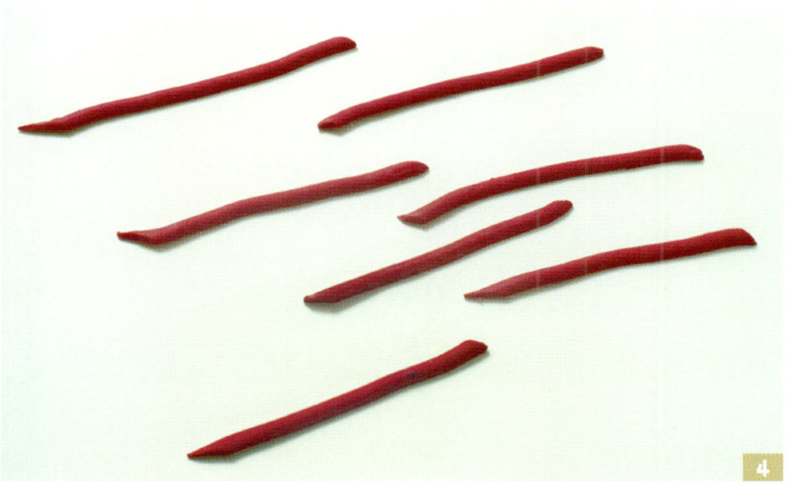

4 Les tronçons doivent être suffisamment longs pour pouvoir être disposés obliquement sur la surface du verre. Coupez-les en deux, au cutter, dans le sens longitudinal, pour obtenir des bandes de section semi-circulaire.

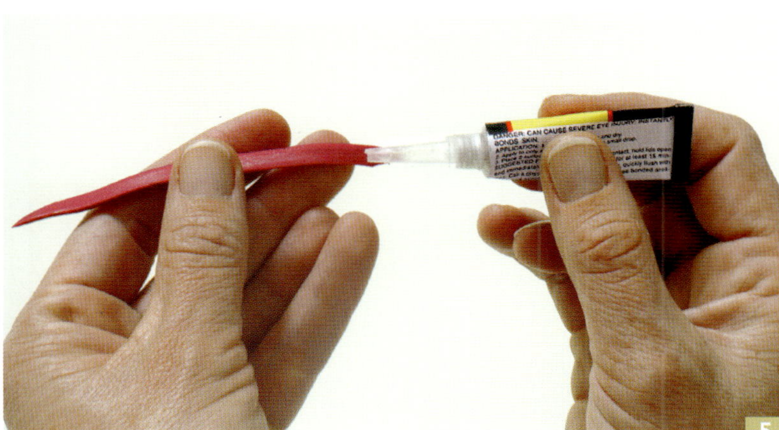

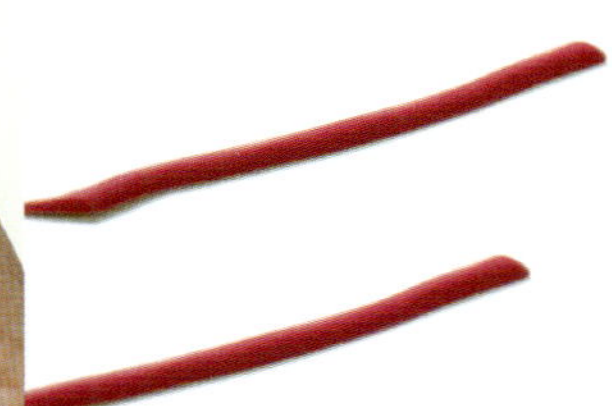

5 Appliquez de la colle sur la face plane de l'une des bandes.

6 Posez la bande imprégnée de colle sur la paroi du verre : commencez par fixer une de ses extrémités à la base du verre, puis appliquez délicatement le reste de la bande en diagonale jusqu'au bord supérieur du verre.

TRÈS IMPORTANT

Pour éviter tout contact avec la bouche, utilisez de préférence ce verre en photophore.

Lorsque vous collez les bandes sur le verre, veillez à les répartir de manière régulière sur la totalité de sa surface, en laissant le même espace entre elles, de façon qu'elles forment un ensemble parfaitement ordonné et équilibré.

7 Posez les autres bandes, en procédant de la même façon, jusqu'à ce que la surface du verre soit entièrement décorée.

8 Décorez d'autres verres en procédant de la même façon, puis enfournez-les en suivant les instructions du fabricant.

THÈME 10

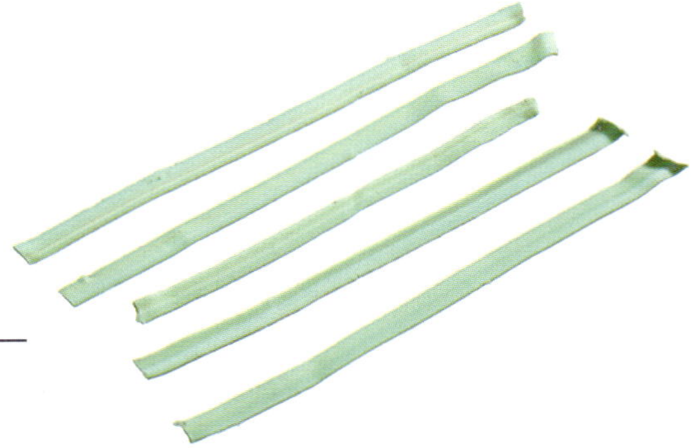

VASE

NIVEAU DE DIFFICULTÉ : 2

Nous avons choisi ici de jouer avec les nuances d'une même couleur, les effets de texture et le dynamisme des lignes obliques pour habiller de façon originale un vase en céramique blanche et le transformer en un superbe objet décoratif.

Matériel

1. Pâtes blanche, marron, verte et jaune
2. Vase
3. Rouleau en verre ou en métacrylate
4. Cutter
5. Plaque en verre ou en métacrylate
6. Colle

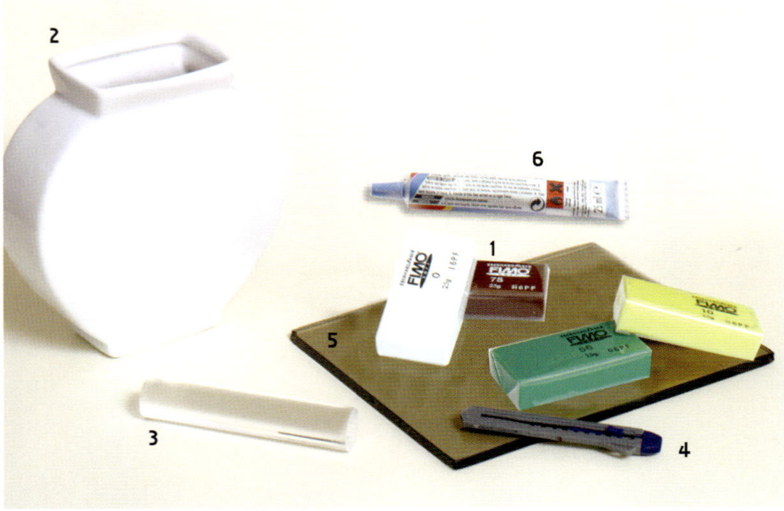

1 Prélevez une petite quantité de pâte de chaque couleur et mélangez-les afin d'obtenir une pâte verte, délicatement marbrée.

2 Posez la pâte obtenue sur la plaque en verre et aplanissez-la au rouleau pour former une plaque fine, lisse et régulière.

3 Égalisez les bords de la plaque au cutter pour lui donner une forme rectangulaire, puis découpez-la en bandes étroites de la même largeur.

4 Encollez ces bandes sur une face, puis disposez-les obliquement sur le vase, en ne recouvrant que la moitié de celui-ci.

5 Collez d'autres bandes, toujours en diagonale, sur l'autre moitié du vase, mais dans le sens opposé, en veillant à joindre aussi nettement que possible leurs extrémités aux premières bandes.

6 Ne recouvrez pas complètement la surface du vase : laissez une petite partie du col visible. Ce détail mettra l'objet en valeur.

7 Pour une finition parfaite, prenez deux bandes de pâte et faites-les rouler sous vos doigts, pour former des boudins fins et réguliers. Posez un boudin sur la ligne de jonction des deux séries de bandes obliques.

8 À ce stade du processus, le vase a cet aspect.

9 Posez l'autre boudin de pâte le long de la diagonale, en l'accolant au premier boudin et enroulez son extrémité supérieure pour former une volute…

10 … puis pressez-la délicatement avec les doigts, pour bien la fixer aux bandes sous-jacentes.

11 Façonnez un autre boudin de pâte plus court, puis posez-le contre le deuxième boudin et enroulez son extrémité pour former une autre volute, juste en dessous de la première. Pressez légèrement cette volute avec un doigt, pour bien la fixer.

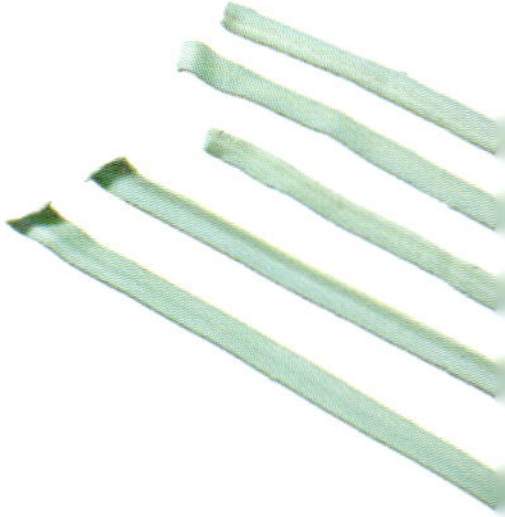

12 Lorsque vous êtes satisfait de votre composition, enfournez le vase en suivant les instructions du fabricant.

THÈME 11

BAGUE ET PENDENTIF

NIVEAU DE DIFFICULTÉ : 2

La manière dont une femme s'habille est souvent révélatrice de sa personnalité, de même que les accessoires qu'elle choisit pour agrémenter sa tenue. La parure que nous vous proposons de réaliser ici, bien qu'elle soit sobre et élégante, a beaucoup de caractère.

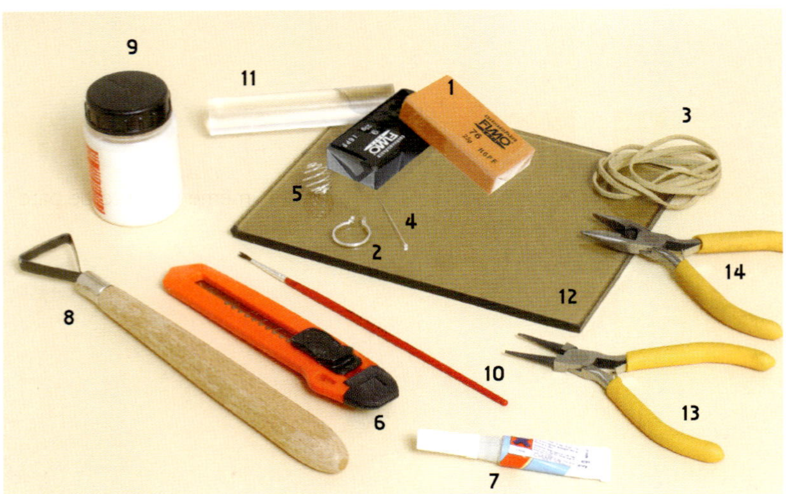

Matériel

1. Pâtes noire et or
2. Monture de la bague
3. Lanière en cuir pour le collier
4. Tiges ou clous de montage
5. Élément décoratif en forme de spirale
6. Cutter
7. Colle
8. Mirette
9. Vernis
10. Pinceau
11. Rouleau en verre ou en métacrylate
12. Plaque en verre ou en métacrylate
13. Pince à becs ronds
14. Pince coupante

Réalisation du pendentif

1 Prenez de la pâte de couleur noire et aplanissez-la avec le rouleau, pour obtenir une plaque.

2 Après avoir obtenu une plaque de l'épaisseur et de la largeur voulues, découpez-y cinq éléments triangulaires avec la mirette.

3 Soulevez la plaque avec précaution, pour dégager les formes triangulaires.

4 Prenez de la pâte noire et la même quantité de pâte or, puis mélangez-les.

5 Aplanissez la pâte obtenue, en veillant à conserver les marbrures formées par les deux couleurs.

6 Avec la mirette, découpez dans la plaque obtenue trois triangles de la même taille que les précédents.

7 Assemblez deux triangles marbrés et un noir, en plaçant celui-ci au centre, pour former la base du pendentif.

8 Collez deux triangles noirs sur les trois premiers triangles.

9 Appliquez de la colle sur la partie centrale de ces deux triangles, puis fixez-y le troisième triangle marbré.

10 Après avoir collé ce dernier triangle, laissez sécher.

11 Formez une petite bande de pâte or et aplanissez-la au rouleau pour obtenir une plaque.

12 Quand vous aurez obtenu une petite plaque mince et lisse, coupez-en les bords au cutter, pour qu'ils soient bien réguliers.

Veillez à découper la plaque avec soin, au cutter, pour obtenir une bande aux bords parfaitement nets, sans bavures.

13 Découpez deux bandes or étroites dans cette plaque, et collez-les sur les triangles noirs, de part et d'autre du triangle marbré.

14 Enfournez le pendentif, en suivant les instructions du fabricant, puis recouvrez-le d'une couche de vernis.

Confection de la bague

15 Procédez de la même façon pour élaborer la bague, mais en découpant des triangles de plus petite taille.

16 Appliquez de la colle sur l'envers de la bague et fixez la monture.

17 Après cuisson et vernissage, la bague prendra cet aspect.

Finition du pendentif

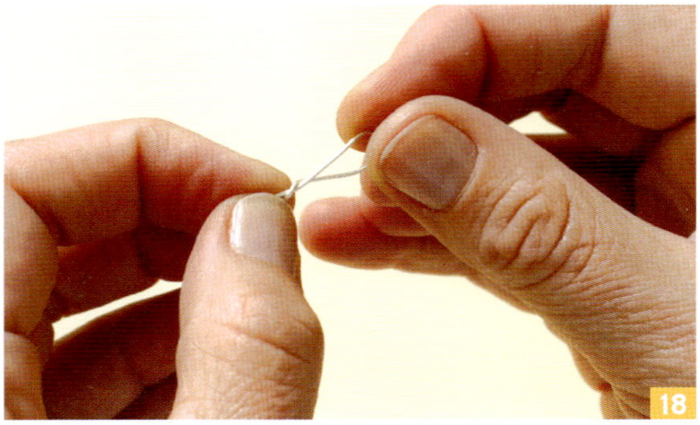

18 Prenez un morceau de fil argenté, pliez-le en deux…

19 … et torsadez ses extrémités de façon à former un anneau.

20 Insérez le fil torsadé dans la partie supérieure du pendentif, puis fixez l'élément spiralé à l'anneau.

21 Après avoir calculé la longueur de la lanière de cuir, accrochez-la à l'élément spiralé. Fixez la lanière, en veillant à ce que le pendentif soit bien d'aplomb.

22 Nouez les extrémités de la lanière. Le collier est terminé.

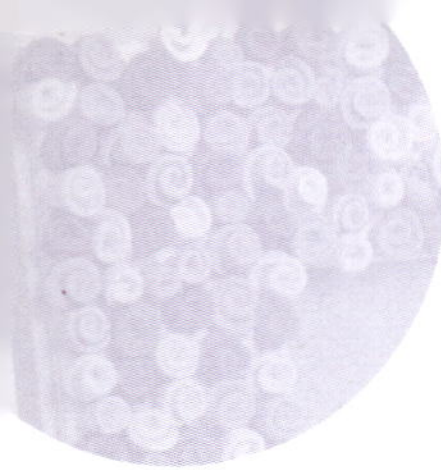

THÈME 12

CADRE

NIVEAU DE DIFFICULTÉ : 2

Voici une manière originale de donner du relief à un cadre en bois ordinaire. Décoré d'une mosaïque de fleurs multicolores, il animera gaiement le mur ou le meuble sur lequel vous le placerez et sera prêt à recevoir photos ou cartes postales.

Matériel

1. Cadre en bois
2. Colle
3. Pâtes polymères de diverses couleurs
4. Pinceau
5. Cutter
6. Plaque en verre ou en métacrylate
7. Rouleau en verre ou en métacrylate

1 Prenez un peu de pâte couleur chair et aplanissez-la pour obtenir une plaque.

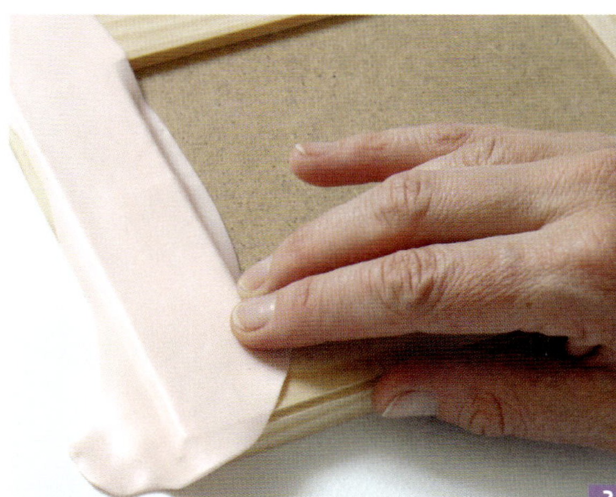

2 Posez la plaque obtenue sur un côté du cadre.

3 Coupez la pâte, au cutter, le long de l'arête externe du cadre.

4 Façonnez trois autres plaques de pâte, aux dimensions des trois côtés du cadre à recouvrir.

Pour que le cadre ait un aspect soigné, veillez à découper la pâte polymère aussi nettement que possible.

5 Après avoir encollé ces trois côtés, posez les plaques sur le cadre, avec beaucoup de soin, en veillant à ce qu'elles soient parfaitement ajustées.

6 Une fois le cadre entièrement recouvert, exercez une légère pression sur la pâte pour qu'elle adhère bien au cadre, et coupez l'excédent, si nécessaire.

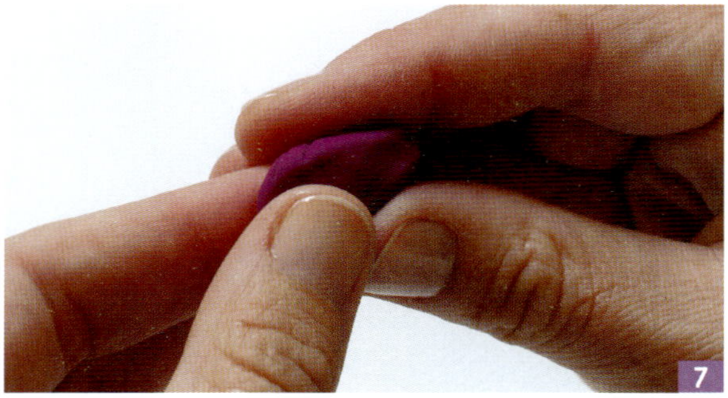
7

7 Prenez une petite quantité de pâte violette et étirez-la entre vos doigts.

8 Aplatissez-la pour former une bande très fine.

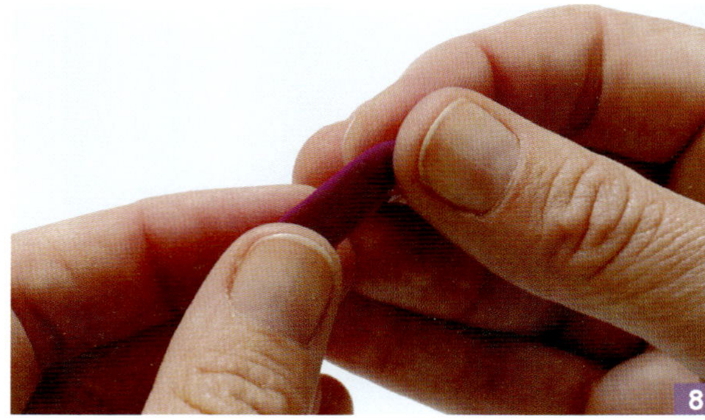
8

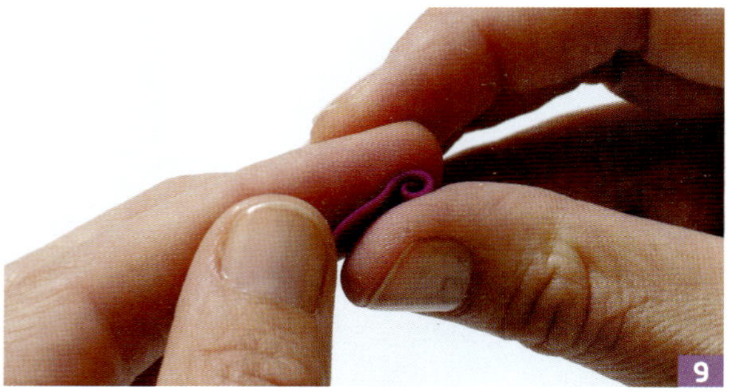
9

9 Enroulez cette bande sur elle-même.

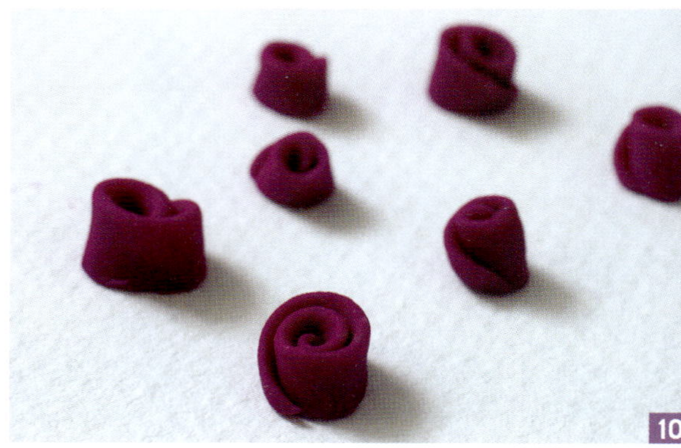
10

10 Coupez le rouleau obtenu en tronçons d'environ 0,5 cm. Chacun de ces tronçons figurera une fleur, et vous obtiendrez ainsi un ensemble de fleurs de la même couleur.

Répétez les étapes 7, 8, 9 et 10 avec des pâtes de couleur jaune, rose, bleue, verte, blanche, etc., pour confectionner des groupes de fleurs de différentes couleurs.

11 Appliquez une touche de colle sur l'un des angles du cadre et mettez une fleur en place. Juxtaposez d'autres fleurs, en associant les couleurs de façon harmonieuse. Recouvrez l'ensemble du cadre, après l'avoir encollé, d'une mosaïque multicolore de fleurs. Une fois ce travail achevé, enfournez le cadre, en suivant les instructions du fabricant.

11

THÈME 13

BOCAL

NIVEAU DE DIFFICULTÉ : 2

Dans une cuisine, on trouve souvent des bocaux ou autres récipients de formes et tailles variées qui peuvent lui donner un aspect peu homogène. Pour la rendre plus attrayante, vous pouvez orner certains d'entre eux d'un motif simple, aux couleurs originales, comme celui que nous vous proposons de réaliser ici.

Matériel

1. Pâtes blanche et violette
2. Bocal en verre
3. Plaque en verre ou métacrylate
4. Rouleau en verre ou en métacrylate
5. Cutter
6. Colle

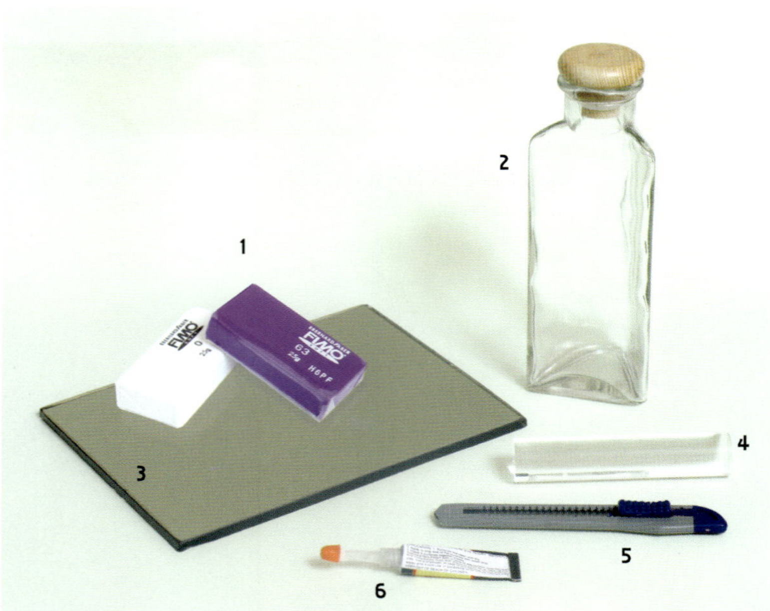

Comme toute autre activité manuelle,
le modelage de la pâte polymère
demande non seulement une certaine habileté,
mais aussi de l'attention et du calme.
Vous n'obtiendrez pas de bons résultats
si vous travaillez dans la hâte.
Faites preuve de patience et de méticulosité
à chaque étape de la réalisation.

Préparation de la pâte

1 Prenez un morceau de pâte violette, posez-le sur la plaque en verre et aplanissez-le au rouleau, pour obtenir une plaque fine et régulière.

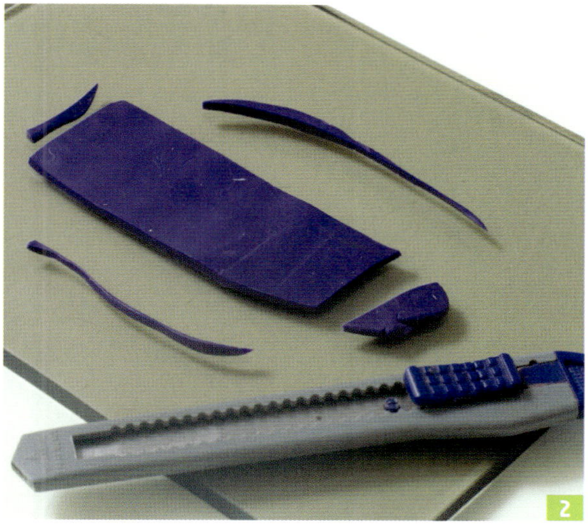

2 Égalisez les bords de la plaque en les découpant au cutter, pour lui donner une forme rectangulaire.

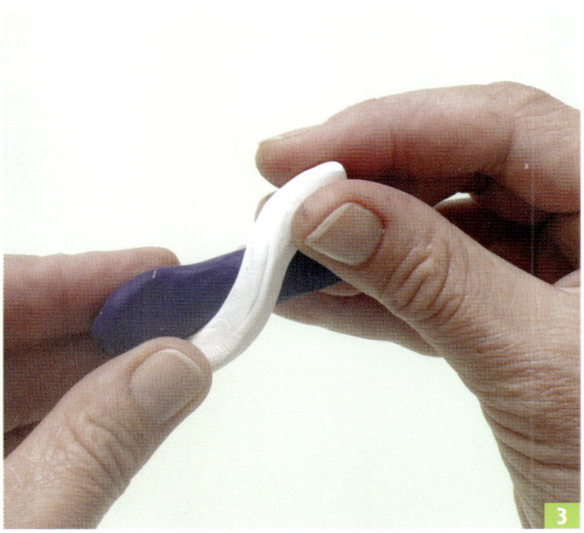

3 Prenez un morceau de pâte blanche et un morceau de pâte violette, et mélangez-les.

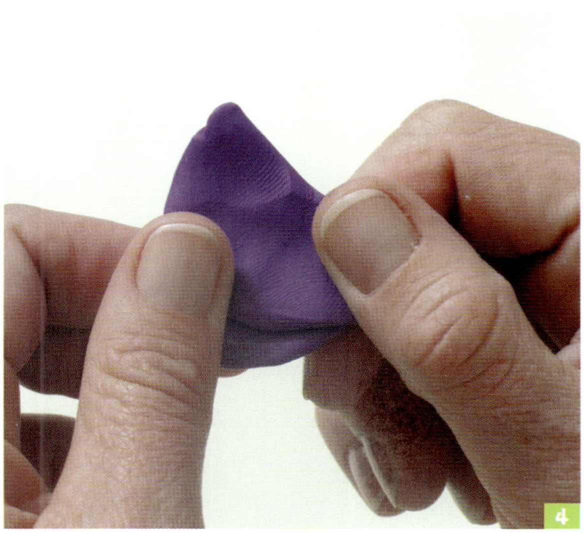

4 Pétrissez-les avec les doigts, jusqu'à l'obtention d'une pâte d'un ton plus clair.

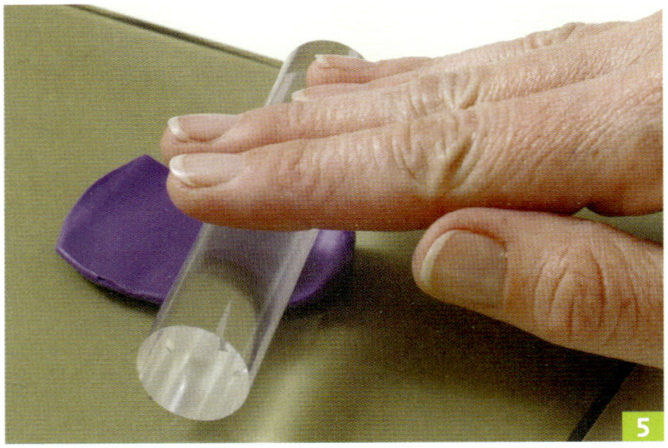

5 Placez la pâte sur la plaque de verre et aplanissez-la au rouleau, jusqu'à l'obtention d'une plaque fine d'épaisseur uniforme, puis découpez ses bords au cutter pour obtenir une plaque rectangulaire identique à la précédente, comme aux étapes 1 et 2.

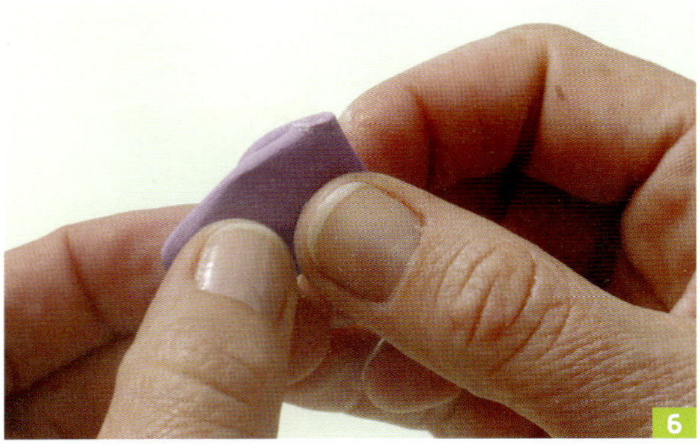

6 Mélangez à nouveau un peu de pâte violette et de pâte blanche, mais en incorporant, cette fois-ci, une plus grande quantité de blanc, afin d'obtenir une pâte d'un ton encore plus clair.

7 Modelez la pâte avec les doigts de façon à obtenir une barre de section carrée parfaitement régulière.

Réalisation du motif décoratif

8 Superposez les deux plaques de pâte obtenues précédemment, placez la barre à l'une des extrémités…

Enroulez avec soin les deux plaques autour de la barre, en serrant bien le tout, de manière que les trois éléments forment un ensemble compact.

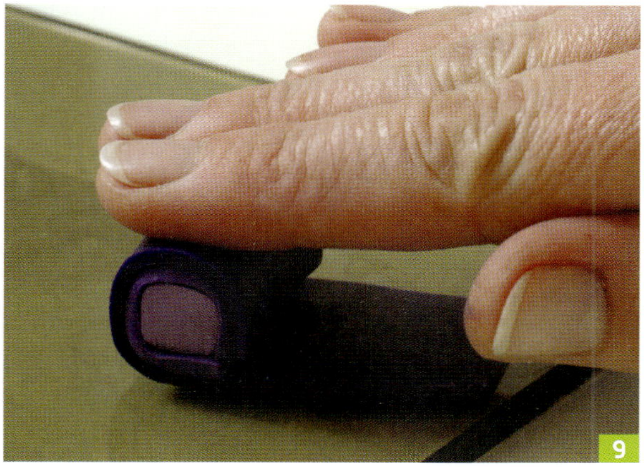
9

9... puis enroulez les plaques autour de la barre.

10 Après avoir obtenu un rouleau, coupez l'excédent de pâte au cutter.

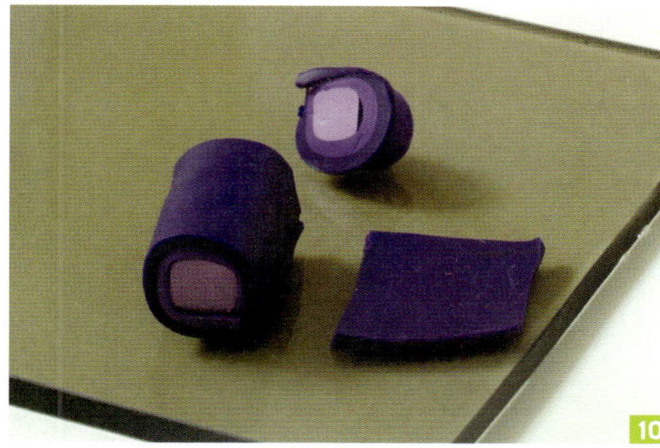
10

11

11 Compactez bien le rouleau, à la main, puis coupez-le en fines tranches de 1 mm d'épaisseur.

Prenez soin de couper des tranches d'égale épaisseur de manière à obtenir une finition bien uniforme et donc plus esthétique.

Mise en place du motif décoratif

12 Prenez le bocal d'une main et étudiez la manière dont vous allez distribuer les motifs décoratifs à sa surface. Nous avons choisi, ici, de les répartir en deux rangées verticales, en les disposant en quinconce. Appliquez un peu de colle sur le bocal, et mettez en place le premier motif, en commençant par le haut.

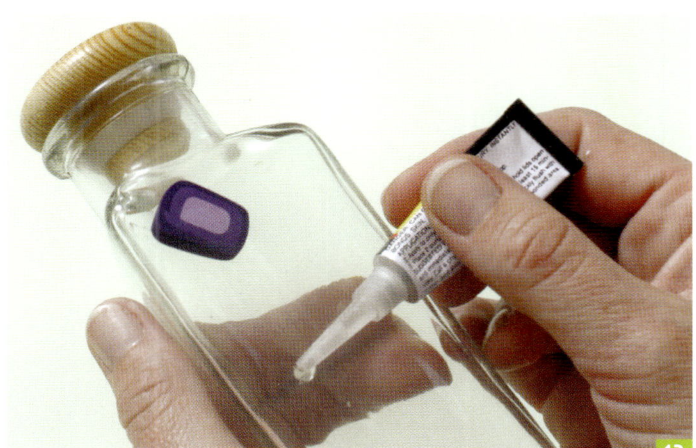
12

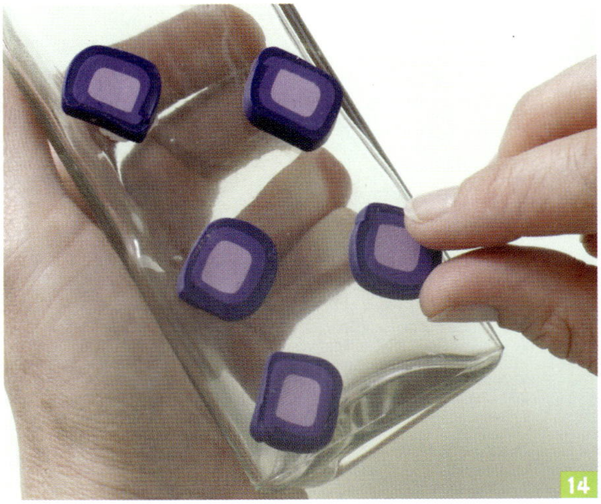

13 Procédez de la même façon pour coller trois autres motifs sur le bocal…

14 … en progressant du haut vers le bas et en les alignant verticalement.

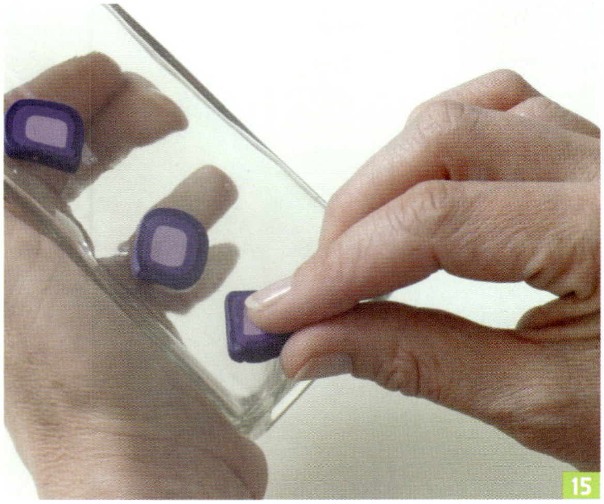

15 Après la mise en place de la première rangée, formez une seconde rangée de trois motifs, en les décalant.

16 Une fois tous les motifs en place, ajustez éventuellement leur position pour qu'ils forment un ensemble équilibré, puis pressez-les fortement avec vos doigts, de façon qu'ils adhèrent bien au bocal. Il ne vous reste plus qu'à enfourner le bocal, en respectant bien les instructions du fabricant.

THÈME 14

PORTE-VERRES

NIVEAU DE DIFFICULTÉ : 2

Vous pouvez donner plus d'éclat à une fête et étonner vos proches ou vos amis sans vous ruiner : avec un peu de patience et d'habileté, vous confectionnerez vous-même d'élégants porte-verres qui apporteront une touche raffinée à votre table et auront à coup sûr beaucoup de succès.

Matériel

1. Verres
2. Pâtes blanche et or
3. Cutter
4. Colle
5. Rouleau en verre ou en métacrylate
6. Plaque en verre ou en métacrylate

Préparation de la pâte

Prenez un morceau de pâte blanche et un morceau, plus petit, de pâte or (70 % de pâte blanche et 30 % de pâte or), puis mélangez-les pour obtenir une pâte de couleur uniforme.

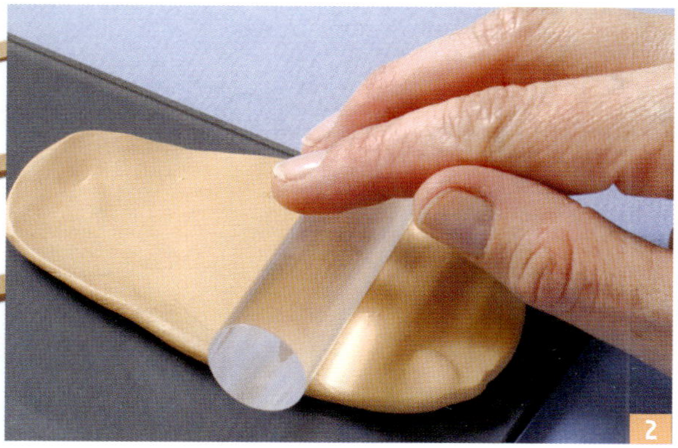

2 Aplanissez la pâte au rouleau, jusqu'à l'obtention d'une plaque mince et uniforme.

3 Avec le cutter, coupez des petites bandes de la même largeur dans la plaque, en réservant le reste, puis placez-les les unes à côté des autres.

Tissage des bandes

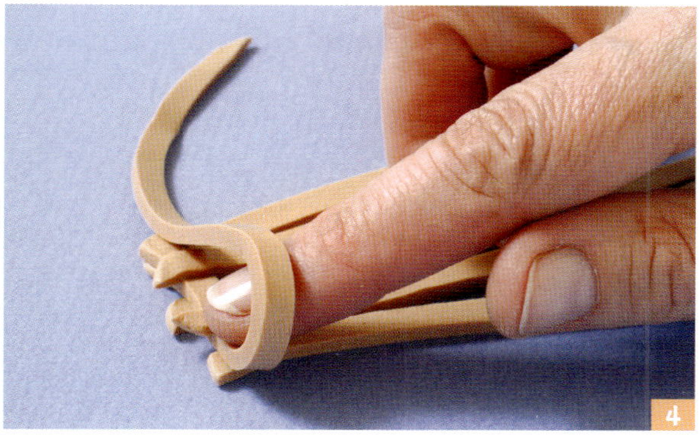

4 Assemblez les bandes en les entrelaçant dans les sens horizontal et vertical, telles la trame et la chaîne d'un tissu : faites passer alternativement chaque bande par-dessus et par-dessous une autre bande.

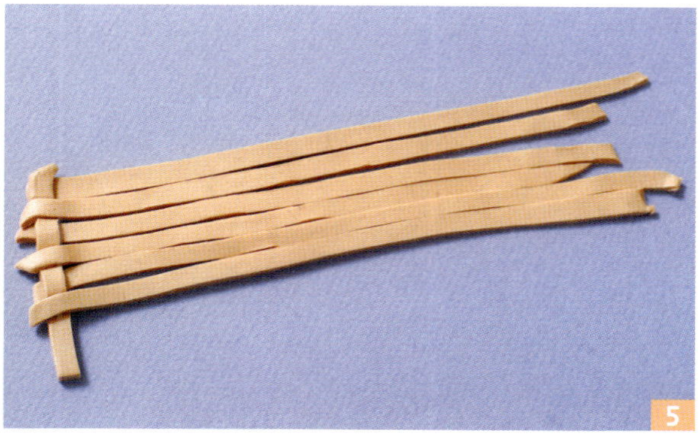

5 Dès le début du travail, veillez à bien entrelacer les bandes, en passant la première bande verticale sur la première bande horizontale, puis sous la deuxième bande horizontale, sur la troisième, sous la quatrième… et ainsi de suite.

6 Observez bien la manière dont sont tissées les bandes. Passez la deuxième bande verticale sous la première bande horizontale, puis sur la deuxième bande horizontale, etc. Inversez chaque fois le sens de croisement des bandes.

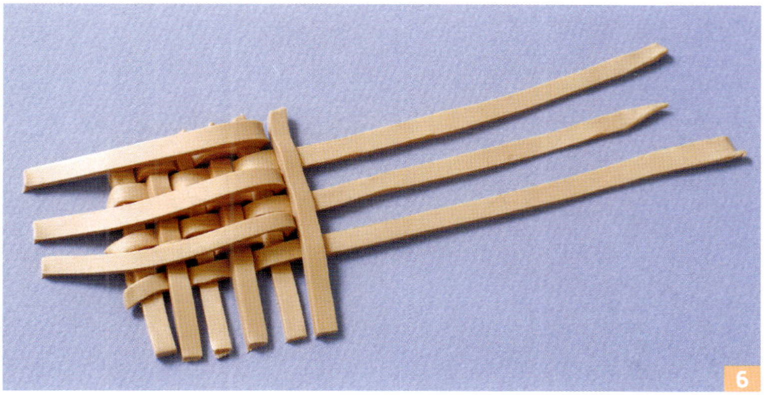

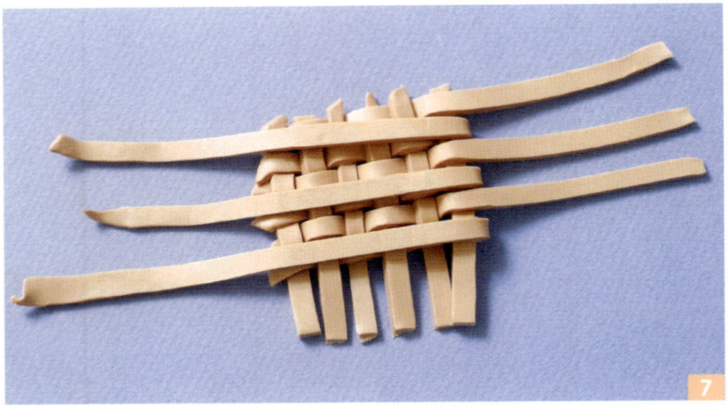

7 À ce stade du processus, le tissage des bandes doit avoir cet aspect.

8 La longueur du tissage doit correspondre à la circonférence des verres.

9 Après avoir terminé le tissage du premier porte-verre, coupez les morceaux de bandes en excédent.

Application du tissage sur le verre

10 Appliquez une couche de colle sur la partie du verre qui doit être recouverte par le tissage.

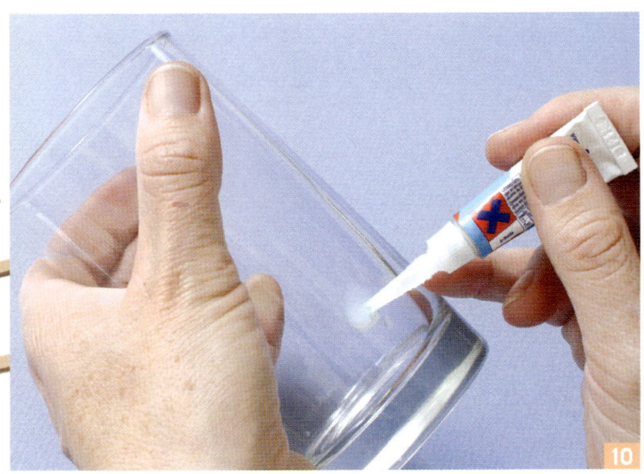

11 Posez soigneusement le tissage sur la base du verre, en veillant à bien le positionner.

11

12

13

12 Prenez le reste de pâte réservé à l'étape 3. Faites-la rouler sous vos doigts sur la plaque en verre, de façon à obtenir deux boudins très fins.

13 Formez une torsade avec ces deux boudins.

14

14 Collez cette torsade juste au-dessus du bord supérieur du tissage, pour une finition parfaite. Répétez toutes ces opérations pour confectionner d'autres porte-verres. Enfournez les verres, en suivant les instructions du fabricant.

BOÎTE À BIJOUX

NIVEAU DE DIFFICULTÉ : 2

Nous vous proposons ici de métamorphoser une boîte en carton tout à fait ordinaire en une superbe boîte à bijoux, où vous pourrez ranger vos bagues, colliers, bracelets, broches et autres accessoires. Posée sur une coiffeuse, une table de chevet ou une commode, elle sera très décorative tout en restant fonctionnelle.

Matériel

1. Boîte en carton
2. Pâtes blanche et verte
3. Cutter
4. Rouleau en verre ou en métacrylate
5. Règle
6. Plaque en verre ou en métacrylate
7. Pierre décorative de couleur verte
8. Colle

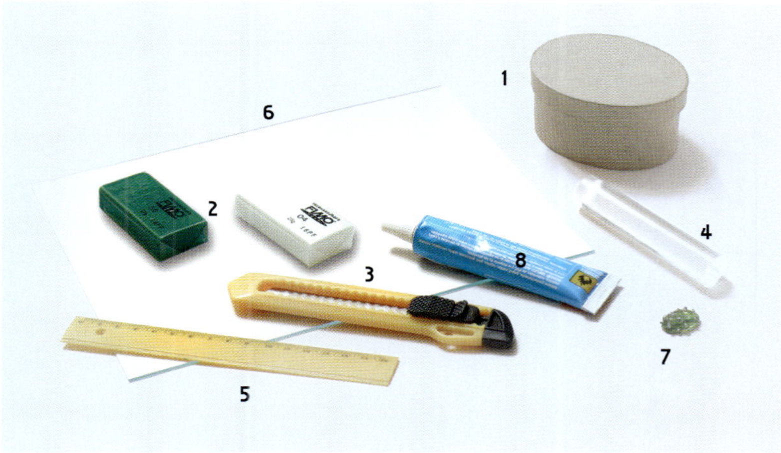

Décoration du couvercle

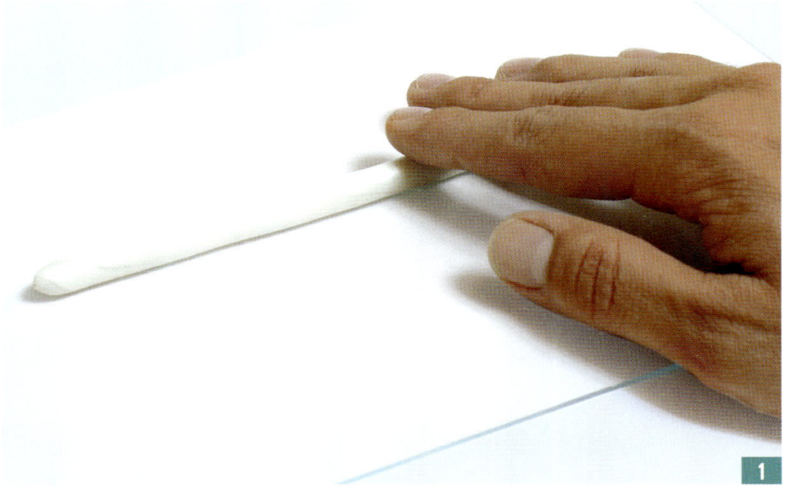

1 Prenez un morceau de pâte blanche, posez-le sur la plaque en verre et faites-le rouler sous vos doigts en un mouvement de va-et-vient, en exerçant une légère pression, pour façonner un boudin très fin.

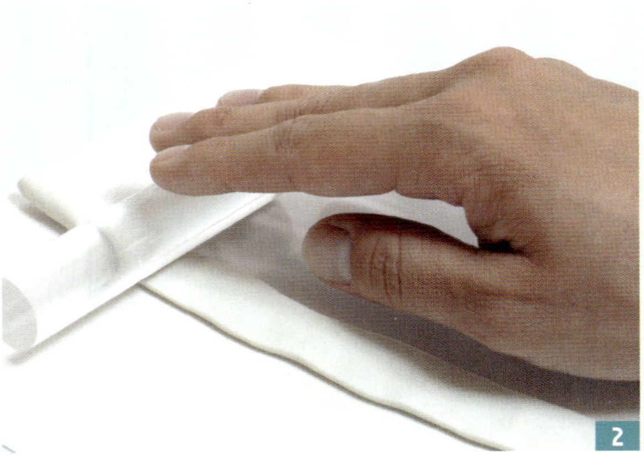

2 Aplanissez le boudin obtenu au rouleau, pour réaliser une bande d'environ 2 mm d'épaisseur.

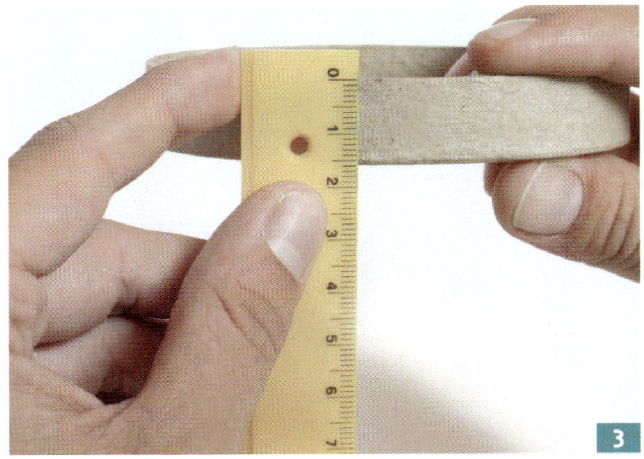

3 Avec la règle, mesurez la hauteur et la circonférence du couvercle de la boîte.

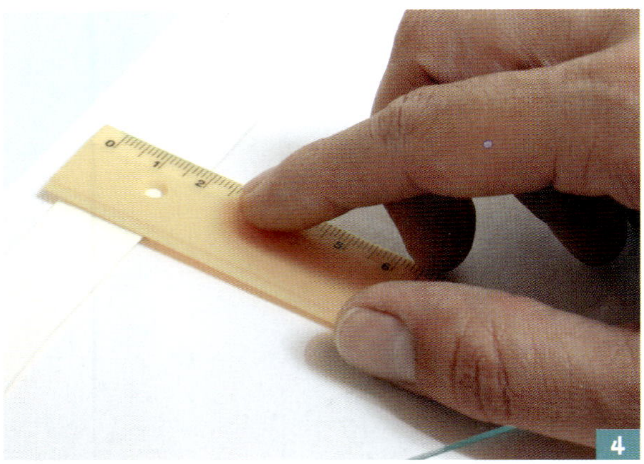

4 Reportez ces mesures sur la bande de pâte blanche obtenue à l'étape 2.

Lorsque vous reporterez les mesures de la hauteur et de la circonférence du couvercle sur la plaque de pâte, ajoutez 1 mm, pour vous assurer que la bande découpée sera assez longue et large pour masquer entièrement le rebord du couvercle, sans laisser aucun espace.

5 Découpez la bande aux bonnes dimensions, en veillant à ce qu'elle soit parfaitement régulière.

6 Appliquez la bande sur le rebord du couvercle, en veillant à bien la positionner.

7 Prenez un morceau de pâte blanche. Modelez-le en forme de boule. Posez celle-ci sur la surface de travail et aplanissez-la au rouleau, de façon à obtenir une plaque de la même épaisseur que la bande façonnée à l'étape 2.

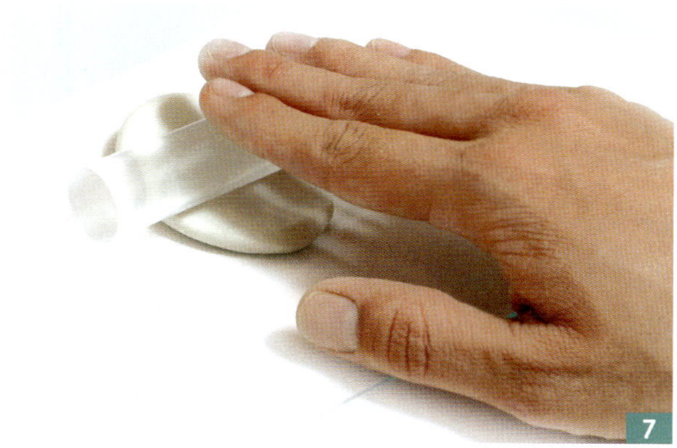

7

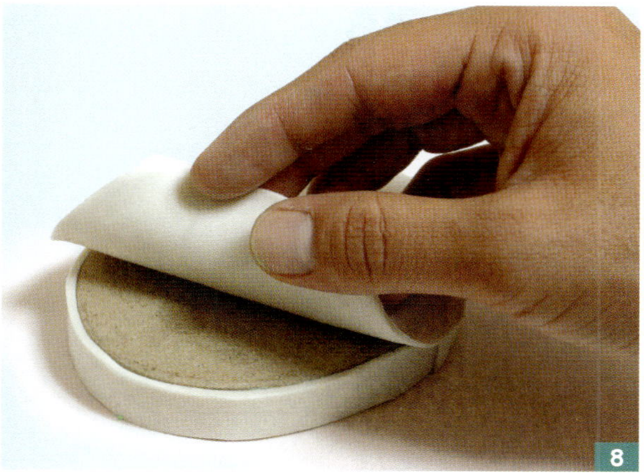

8

8 Servez-vous du couvercle comme gabarit pour découper dans cette plaque une forme d'une taille légèrement supérieure à la surface de ce dernier. Posez la pâte découpée sur le couvercle, en veillant à ce qu'elle soit bien plane et parfaitement centrée.

Pour reporter la circonférence du couvercle sur la plaque de pâte, utilisez ce dernier en guise de gabarit. Posez-le directement sur la pâte, en le centrant bien. Marquez-en le pourtour, en ajoutant une marge de 3 mm pour pouvoir rabattre le bord de la plaque sur la bande recouvrant le côté du couvercle et obtenir une finition parfaite. Découpez ensuite la plaque au cutter, en suivant soigneusement cette ligne.

9

9 Après avoir posé la plaque de pâte sur le couvercle, rabattez-en délicatement le bord, avec les doigts, sur tout le pourtour, de façon qu'il recouvre la partie supérieure de la bande habillant le bord du couvercle. Pressez délicatement le bord de la plaque contre cette bande, pour bien les unir, et lissez-le avec les doigts pour lui donner une forme régulière.

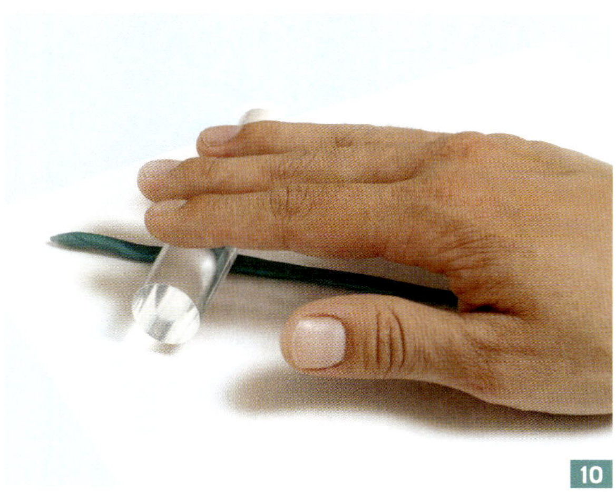

10

10 Prenez un morceau de pâte verte et, en procédant comme aux étapes 1 et 2, façonnez un boudin très fin, puis aplanissez-le au rouleau jusqu'à l'obtention d'une plaque étroite d'environ 2 mm d'épaisseur.

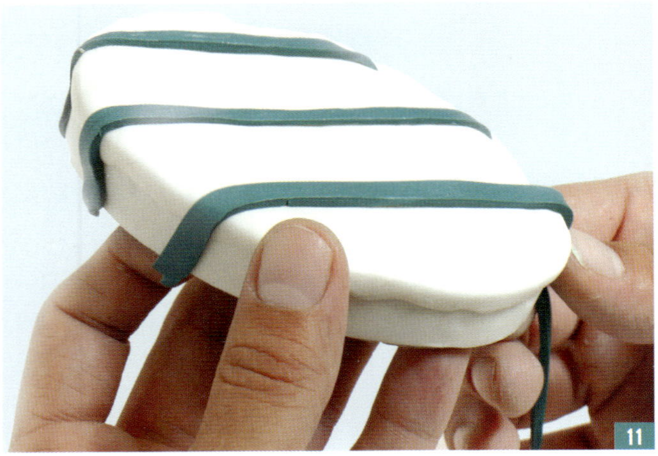
11

11 Avec le cutter et la règle, découpez cette plaque en bandes étroites. Posez ces bandes sur le couvercle, en les espaçant régulièrement.

12 Façonnez avec de la pâte verte un boudin très fin, assez long pour recouvrir toute la circonférence du couvercle. Posez-le sur la jointure des deux pièces en pâte blanche, juste au-dessous de la saillie formée par le bord du couvercle.

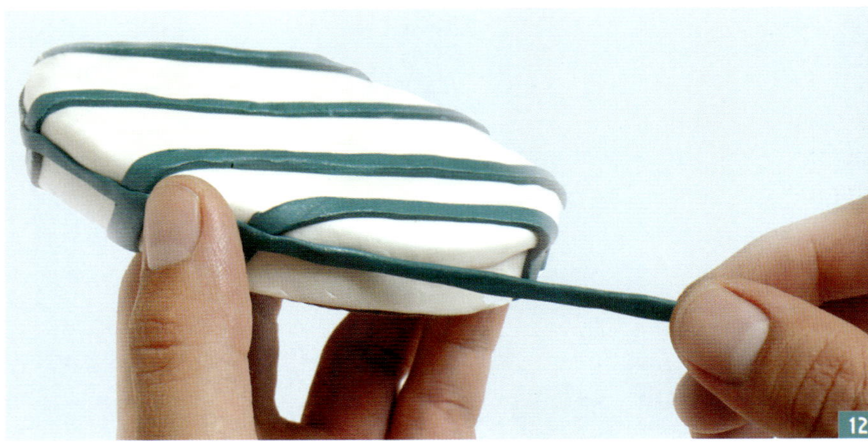
12

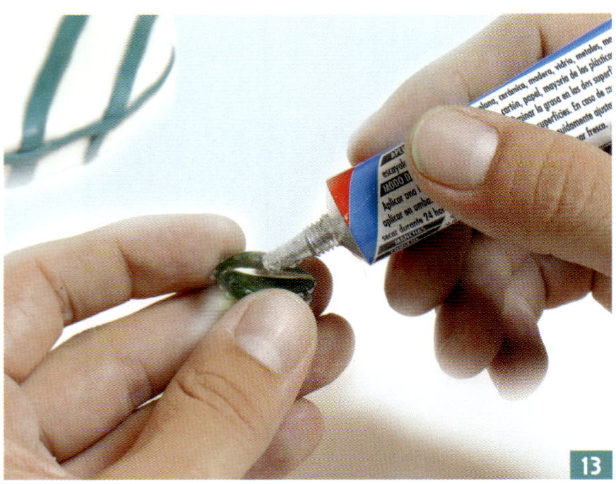
13

14

13 Enfournez le couvercle, en suivant les instructions du fabricant. Sortez-le du four et laissez refroidir la pâte. Prenez une pierre décorative, appliquez de la colle sur sa base…

14 … et posez-la au centre du couvercle.

Décoration de la boîte

15

15 Prenez une quantité de pâte verte suffisamment importante pour pouvoir recouvrir toute la paroi de la boîte. Modelez-la en forme de boule. Posez cette boule sur la surface de travail, et aplanissez-la au rouleau pour former une plaque fine et lisse, d'une épaisseur égale à celle du bord du couvercle.

16

16 Mesurez la hauteur de la boîte, puis soustrayez la hauteur du couvercle, pour que celui-ci puisse s'emboîter parfaitement. Mesurez la circonférence de la boîte. Reportez ces mesures sur la plaque, en les marquant au cutter, pour définir la largeur et la longueur de la bande à découper.

Après avoir couvert tout le périmètre de la boîte, faites se chevaucher les deux extrémités de la bande, puis coupez verticalement les deux épaisseurs, au cutter, de façon que la jointure soit parfaite. Retirez les morceaux de pâte en excédent, puis unissez les deux extrémités en les pressant l'une contre l'autre avec les doigts.

17 Découpez au cutter une bande de la largeur requise, mais un peu plus longue que la circonférence de la boîte.

17

18

18 Positionnez soigneusement la bande sur la paroi de la boîte, en alignant son bord inférieur sur celui de la boîte, de façon que l'espace qui sera recouvert par le couvercle reste libre. Appliquez-la, avec beaucoup de soin, sur tout le pourtour de la boîte.

19

19 À l'issue de cette étape, vérifiez que le couvercle s'emboîte bien sur la partie inférieure de la boîte.

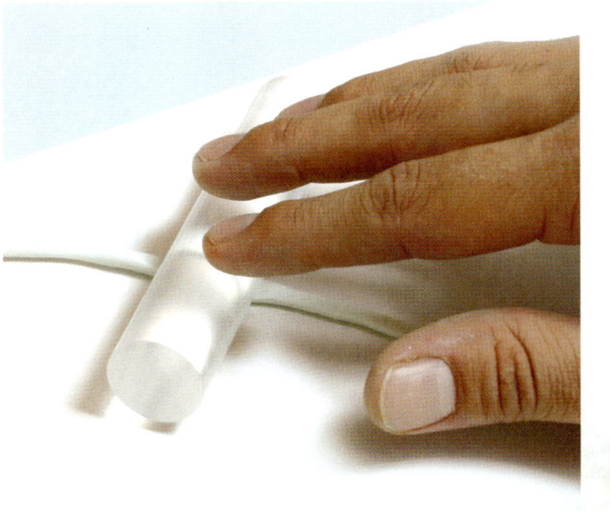

20

20 Prenez une petite quantité de pâte blanche, modelez-la en un boudin très fin et très long, puis aplanissez celui-ci au rouleau, pour obtenir une bande très mince. Découpez un ruban étroit dans cette bande.

21 Posez le ruban en zigzag sur tout le pourtour de la boîte, puis lissez-le avec un doigt, en exerçant une légère pression pour qu'il adhère bien à la pâte. Il ne vous reste plus qu'à enfourner la boîte, en respectant les instructions du fabricant.

21

THÈME 16

BOÎTE À COURRIER

NIVEAU DE DIFFICULTÉ : 2

Cette boîte en pin peut aussi bien servir de boîte à sel dans la cuisine que de vide-poches dans l'entrée, ou être utilisée pour ranger du courrier dans un bureau ou des crayons de couleur dans une chambre d'enfant. Nous avons choisi d'en faire une boîte à courrier et de décorer le devant d'une scène naïve qui plaira aussi bien aux adultes qu'aux plus petits.

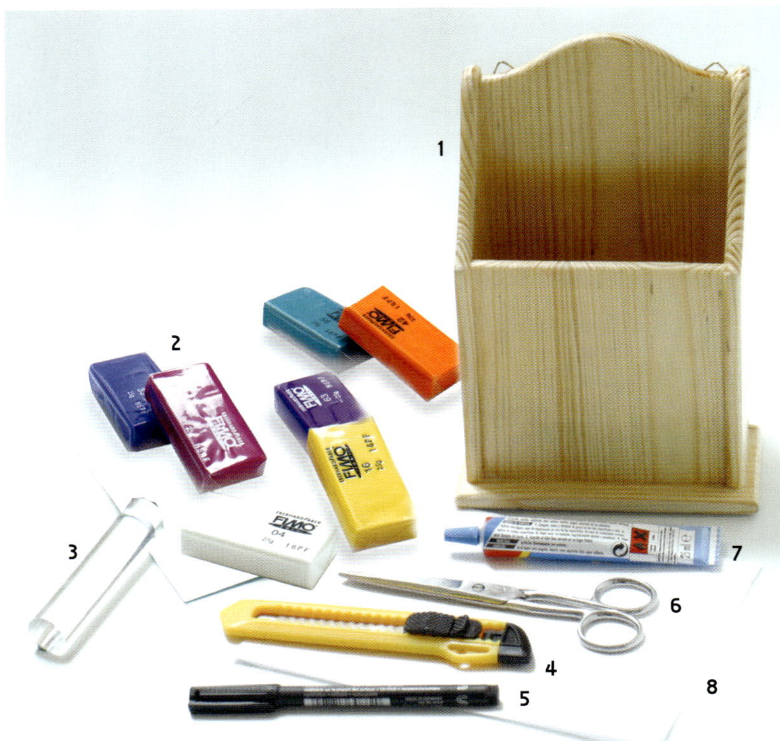

Voici le motif décoratif choisi pour décorer la boîte.

Matériel

1. Boîte en bois
2. Pâtes orange, verte, jaune, violette, rouge, bleue et blanche
3. Rouleau en verre ou en métacrylate
4. Cutter
5. Feutre noir
6. Ciseaux
7. Colle
8. Feuilles de papier

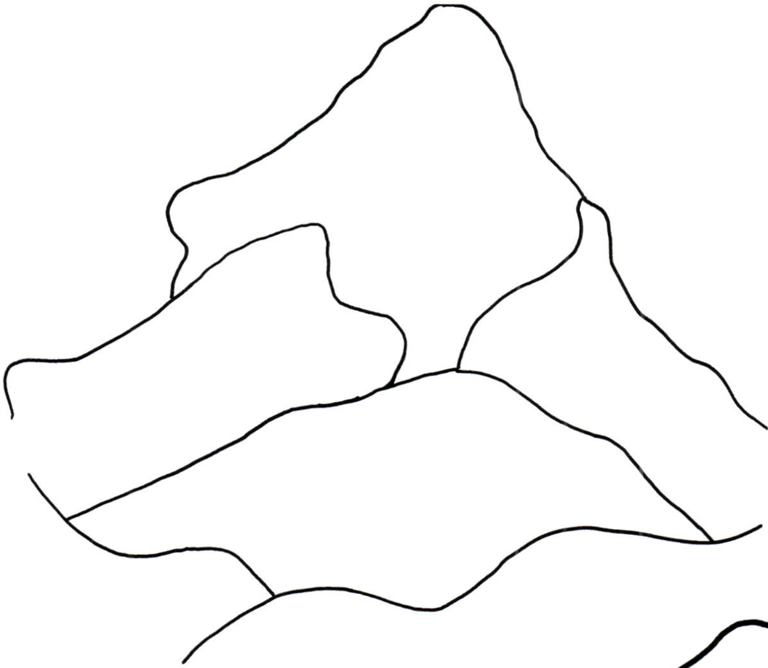

1 Recopiez le motif décoratif, au feutre noir, sur une feuille de papier.

1

Si vous ne vous sentez pas assez sûr(e) de vous pour dessiner le motif directement au feutre, recopiez-le d'abord au crayon, sans trop appuyer, pour pouvoir le rectifier si besoin. Repassez ensuite avec le feutre sur les lignes tracées au crayon.

2

2 Après avoir achevé de recopier le motif, assurez-vous que votre dessin soit bien conforme au modèle.

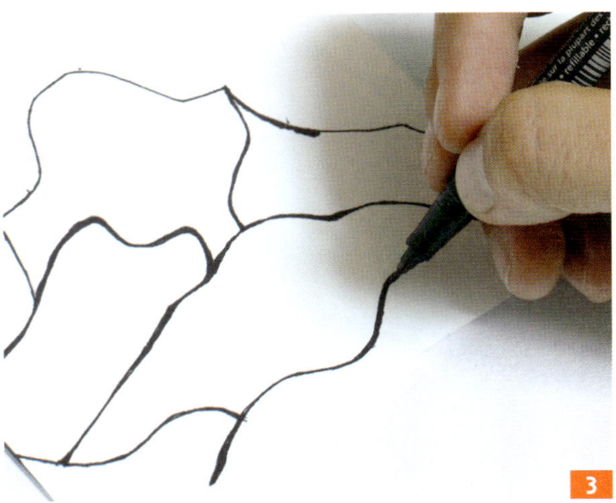
3

4

3 En vous référant au modèle figurant en haut de la page précédente, dessinez sur une autre feuille de papier le contour des différents plans du paysage, en repassant au feutre sur toutes les lignes tracées pour qu'elles soient bien nettes.

4 Avec les ciseaux, découpez toutes les pièces composant le paysage. Elles vous serviront à découper les éléments de base du décor en pâte, qui s'emboîteront les uns dans les autres.

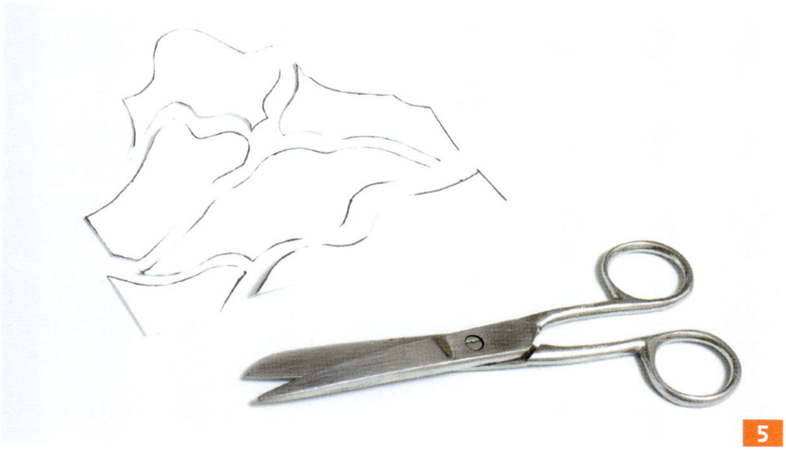

5 Après avoir achevé ce travail de découpage, posez les pièces de manière ordonnée sur votre plan de travail.

Découpez avec soin les pièces qui composent le paysage, car chacune d'elles va vous servir de gabarit pour découper la pâte polymère.

6 Mélangez un peu de pâte rouge et de pâte blanche, pour obtenir une pâte d'un ton plus clair, bien uniforme.

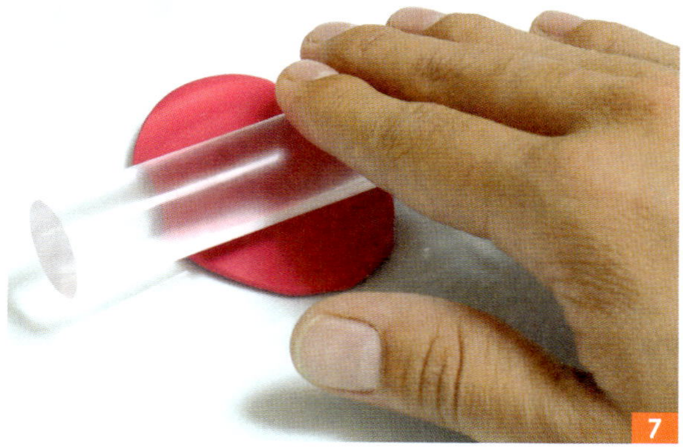

7 Posez cette pâte sur votre surface de travail et aplanissez-la, au rouleau, en une plaque fine et régulière.

8 Placez sur la plaque de pâte l'un des éléments du paysage découpés dans la feuille de papier, en guise de gabarit.

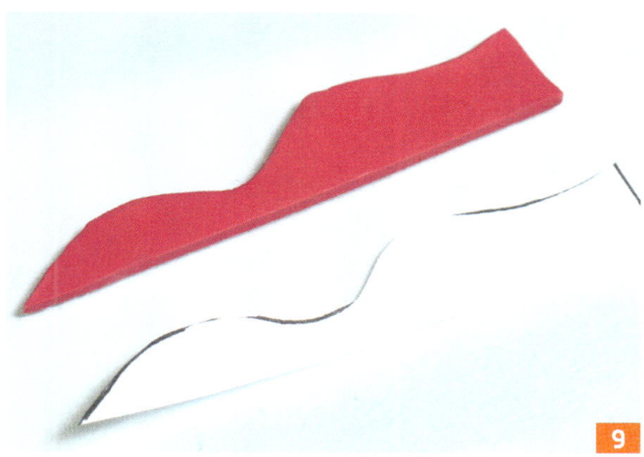

9 Aplanissez bien, à la main, le gabarit en papier, puis coupez la pâte au cutter, en suivant soigneusement son contour.

10 Répétez les étapes 6, 7, 8 et 9, en utilisant à chaque fois une pâte de couleur différente et un autre gabarit. Vous obtiendrez sept éléments de formes et de couleurs distinctes.

10

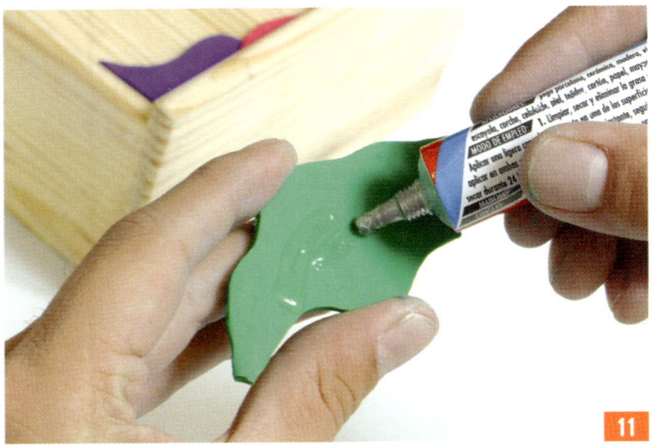

11

12

11 Commencez à mettre le motif en place en collant la face inférieure de chacun des éléments découpés dans la pâte…

12 … et en appliquant ceux-ci sur le devant de la boîte, conformément au dessin du motif.

13

Du fait que la pièce que nous avons choisi de décorer est en bois et ne peut être mise au four, il est indispensable de faire cuire les éléments du décor avant de les mettre en place. Mieux vaut attendre d'avoir confectionné tous les éléments, de façon à pouvoir les cuire en une seule fournée, et à les avoir tous sous la main au moment de les coller.

13 Poursuivez ce travail jusqu'à ce que tous les éléments composant le paysage soient en place.

14

14 En suivant le même processus, confectionnez les divers éléments intégrés au paysage. Façonnez une plaque fine et lisse en pâte blanche et découpez-y, au cutter, la forme de la maison avec le gabarit correspondant.

15

15 Dessinez au feutre les détails de la façade : porte et fenêtres, sans oublier les ombres.

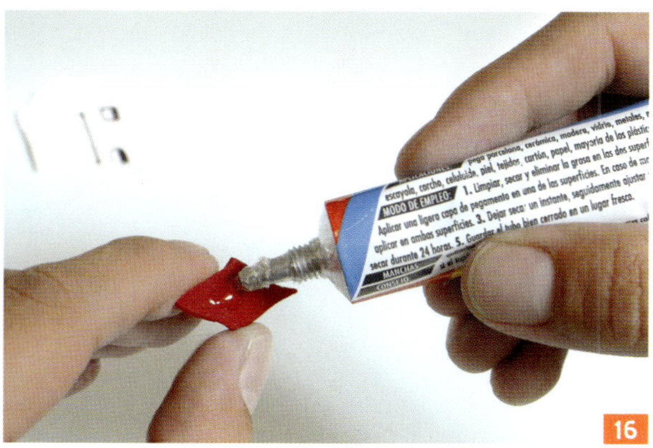

16

16 Dans une petite plaque de pâte rouge, découpez au cutter la forme du toit. Appliquez de la colle sur sa face intérieure…

17 … et mettez cet élément en place.

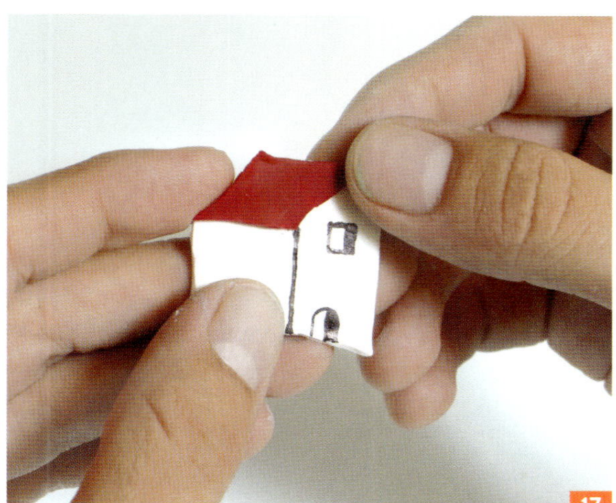

17

L'attrait de ce motif réside dans sa modernité, la sobriété de son style : le paysage servant de cadre à la scène est représenté à l'aide de formes très élémentaires dont les couleurs vives lui confèrent un aspect naïf. Nous l'avons conçu ainsi, mais vous pouvez, si vous le souhaitez, l'enrichir de détails dessinés au feutre en laissant libre cours à votre imagination. N'hésitez pas à faire preuve de créativité.

18 Procédez de la même façon pour obtenir les poules, puis mettez-les en place…

19 … de même que les autres éléments inclus dans le paysage, comme l'arbre figurant à l'arrière-plan.

Quand on travaille sur un motif composé d'un aussi grand nombre d'éléments, il est essentiel de veiller à bien ajuster les pièces entre elles. Si certaines pièces ne sont pas parfaitement jointes, on peut colmater l'interstice qui les sépare avec un peu de mastic teint dans une couleur adéquate, de façon que la rectification passe inaperçue.

20 Superposez de petites pièces sur certaines formes pour donner plus de réalisme à la représentation.

21 La décoration de la boîte est terminée.

THÈME 17

MOBILE

NIVEAU DE DIFFICULTÉ : 2

L'intérêt d'un objet décoratif réside plus souvent dans l'ingéniosité de sa conception que dans la complexité de sa réalisation. Nous vous proposons, ici, d'associer des éléments d'une grande simplicité – pâte à modeler, plumes et ficelle – pour créer un mobile qui apportera une touche de gaieté à votre intérieur.

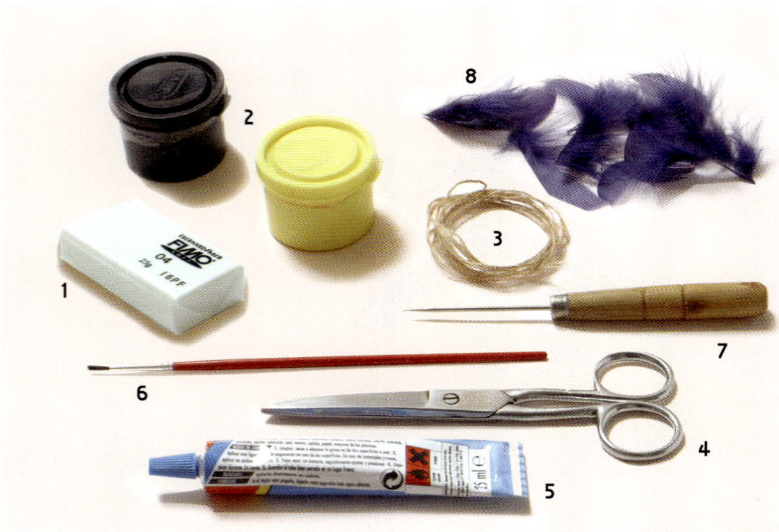

Matériel

1. Pâte polymère blanche
2. Peintures acryliques jaune et noire
3. Ficelle
4. Ciseaux
5. Colle
6. Pinceau
7. Poinçon
8. Plumes

Confection des oiseaux

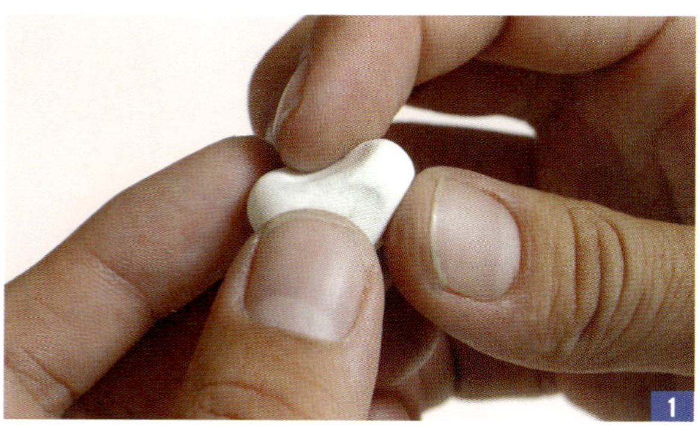

1 Prenez une petite quantité de pâte blanche…

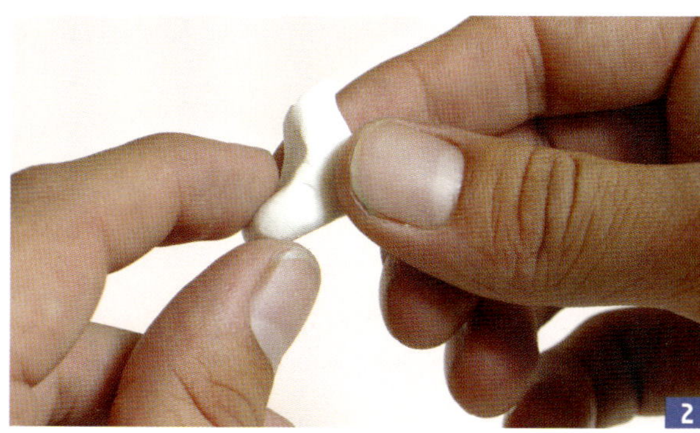

2 … et modelez-la de façon à lui donner la forme du corps d'un oiseau.

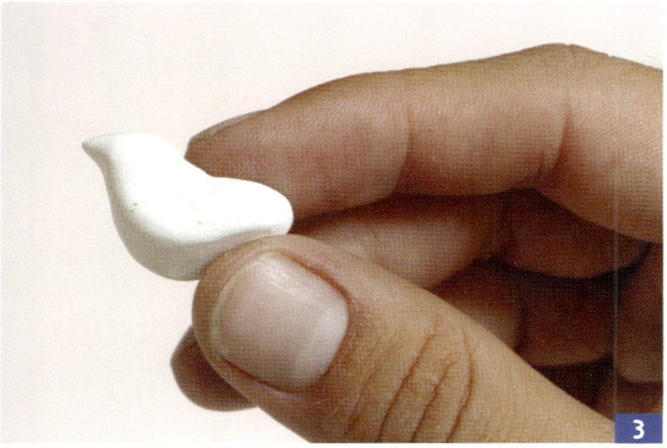

3 À l'issue de cette étape, le corps de l'oiseau doit avoir cet aspect.

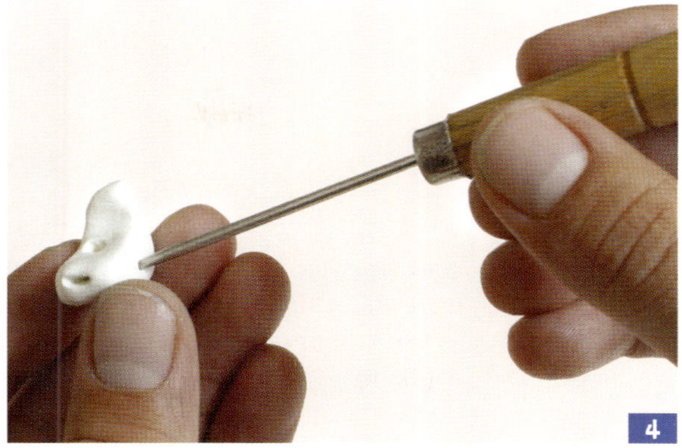

4 Avec le poinçon, percez un trou pour la queue, puis un autre de chaque côté, pour les ailes…

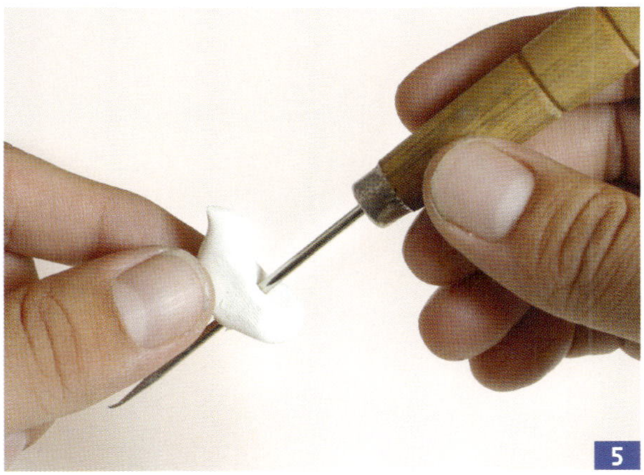

5 … et, enfin, un dernier au centre, pour y insérer la ficelle.

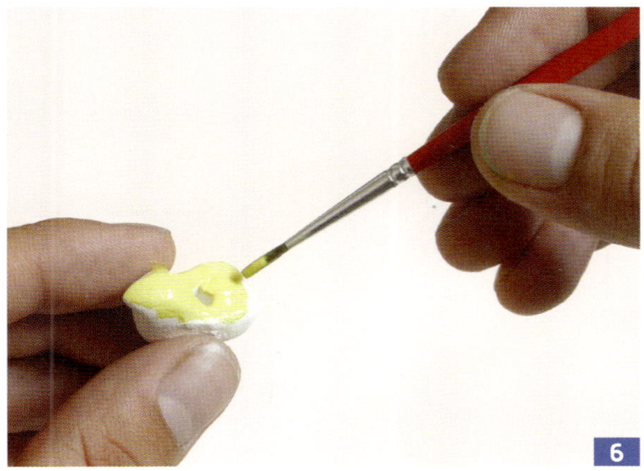

6 Recouvrez tout le corps de l'oiseau de peinture jaune.

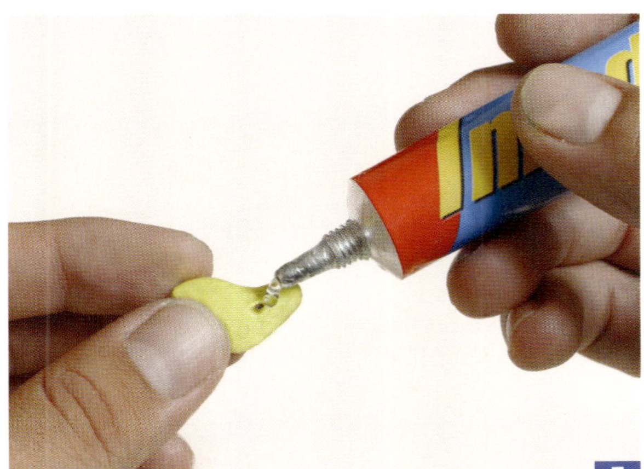

7 Appliquez de la colle sur les trous pratiqués aux étapes 4 et 5.

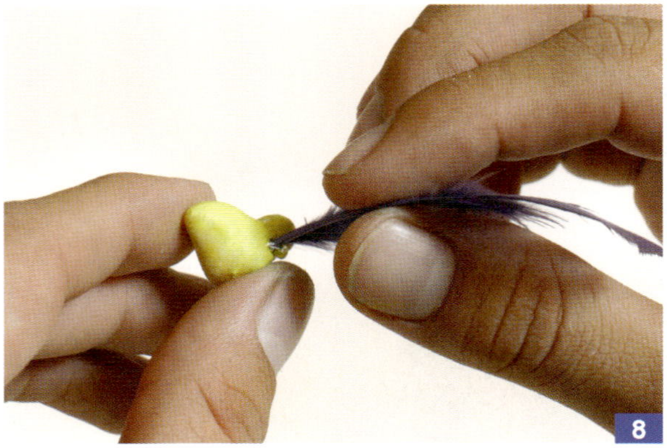

8 Insérez dans les trous les plumes d'une aile…

9 … puis celles de l'autre aile et de la queue.

10 L'assemblage de l'oiseau est terminé. Laissez sécher la colle pendant environ 30 minutes.

11 Avec la peinture noire, peignez les yeux et le bec de l'oiseau.

12 Confectionnez un autre oiseau en répétant les étapes 1 à 11.

Finition du mobile

13 Introduisez l'une des extrémités d'un morceau de ficelle dans le trou central.

14 Faites-la ressortir de l'autre côté, et nouez-la, pour la maintenir en place.

15 Accrochez une ficelle au second oiseau, puis réunissez les deux ficelles en faisant une boucle pour pouvoir suspendre les oiseaux.

16 Le mobile est prêt. Il ne vous reste plus qu'à l'accrocher.

THÈME 18

COLLIER ET BOUCLES D'OREILLES

NIVEAU DE DIFFICULTÉ : 2

Matériel

1. Pâtes noire et fuchsia
2. Pince coupante
3. Pince à becs ronds
4. Rouleau en verre ou en métacrylate
5. Tiges ou clous de montage
6. Anneaux de jonction
7. Fermoir mousqueton
8. Montures de boucles d'oreilles
9. Plaque en verre ou en métacrylate

Une coiffure soignée, un décolleté approprié… autant d'attraits qui seront mis en valeur par cette parure de toute beauté, qui se distingue par la délicatesse et la simplicité de sa structure. Il ne fait aucun doute que ces bijoux, que vous aurez pris plaisir à confectionner vous-même, ne passeront pas inaperçus.

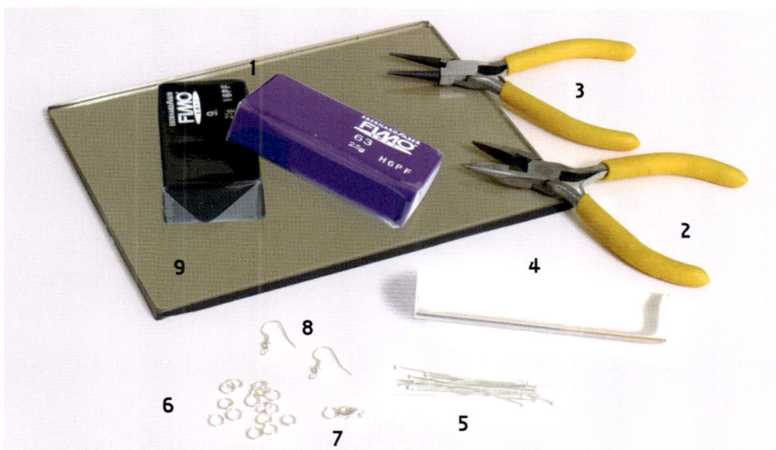

Préparation de la pâte

1 Prenez un morceau de pâte noire et la même quantité de pâte fuchsia, puis pétrissez-les ensemble pour obtenir une pâte marbrée.

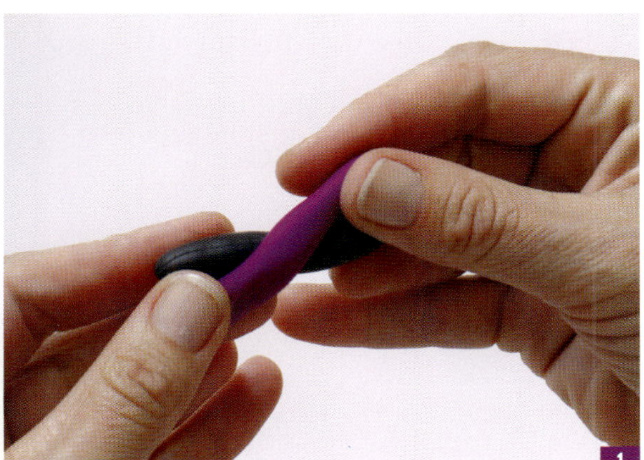

2 Modelez cette pâte, de façon à obtenir un grand élément triangulaire et dix autres plus petits, de taille égale.

3 Lissez les faces des éléments triangulaires avec le rouleau en verre, pour améliorer leur aspect.

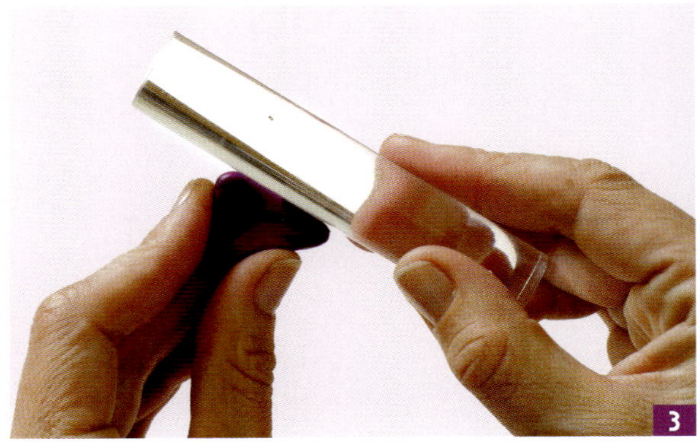

Bien que le modelage des éléments soit d'une grande simplicité, il est essentiel d'apporter beaucoup de soin à leur finition.

Réalisation du collier

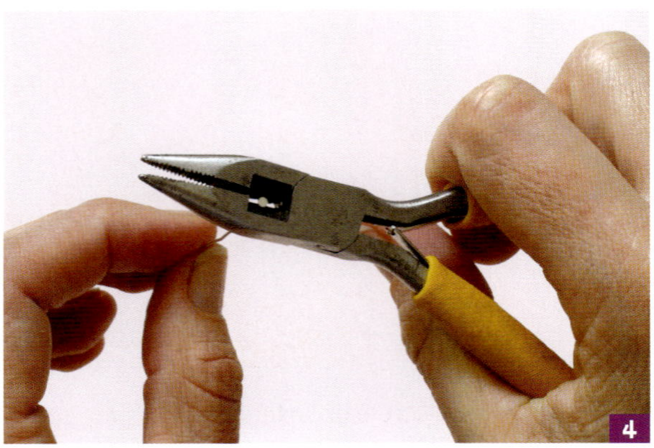

4 Sectionnez à la pince la tête d'un clou de montage.

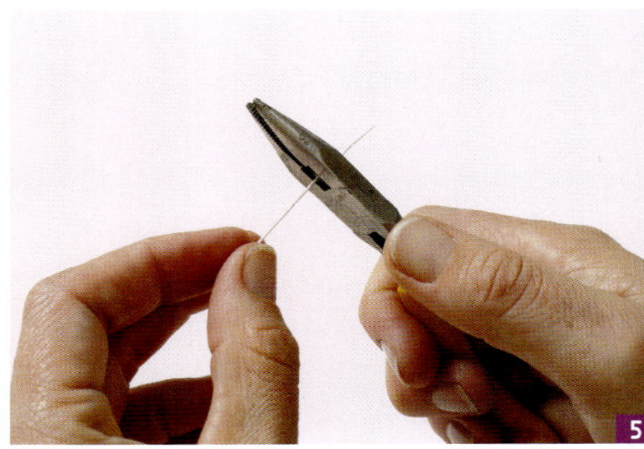

5 Coupez la tige en deux.

Coupez les tiges de façon bien nette, pour éviter de vous blesser ensuite en enfilant ou en portant le collier. Polissez l'extrémité au papier abrasif, si nécessaire.

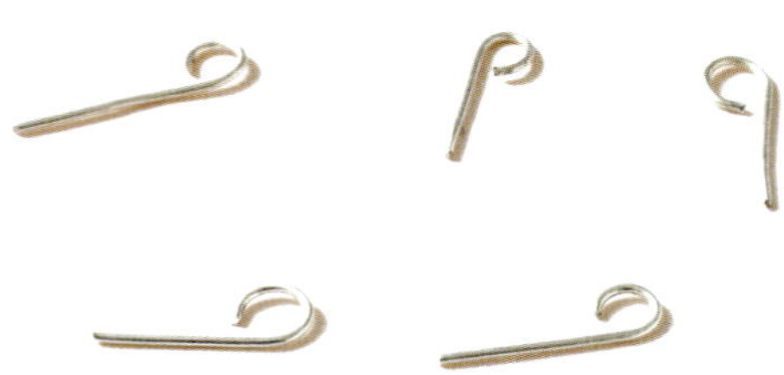

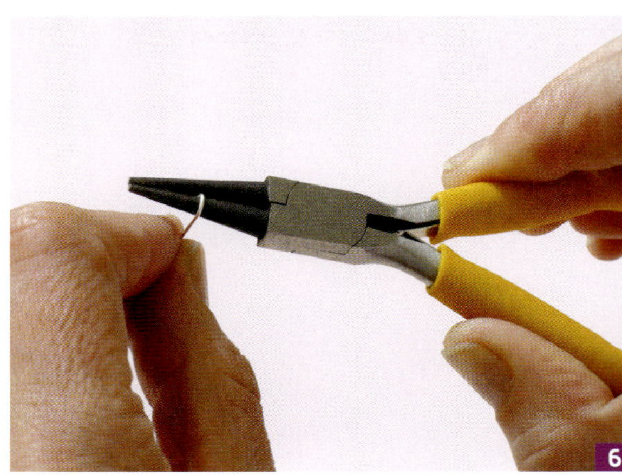

6 Recourbez à la pince l'une des extrémités de chaque morceau de tige.

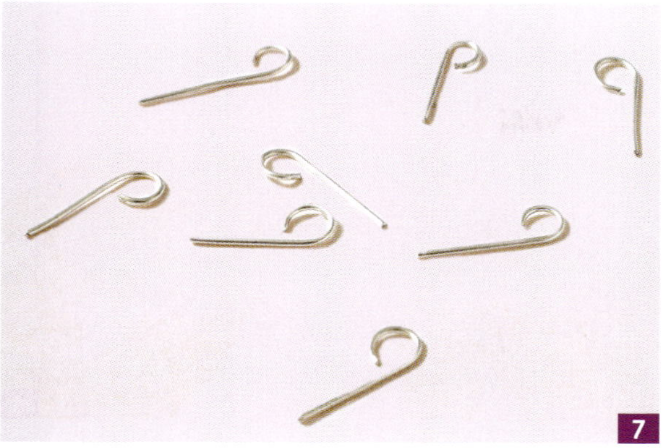

7 Répétez cette opération autant de fois que nécessaire.

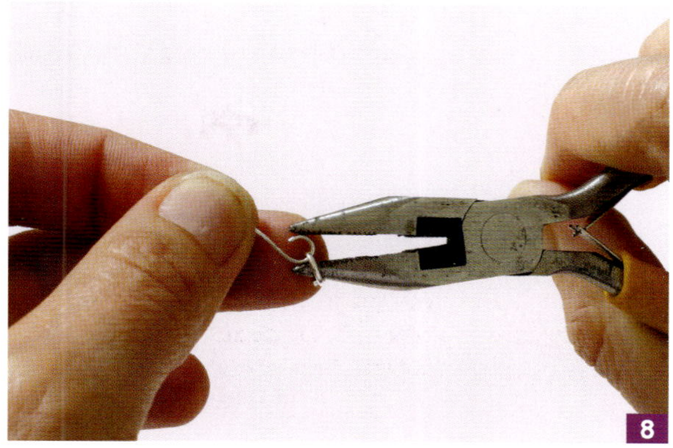

8 Fixez un anneau à chaque boucle, et refermez-les à la pince.

9 Insérez l'extrémité d'une tige dans le grand triangle.

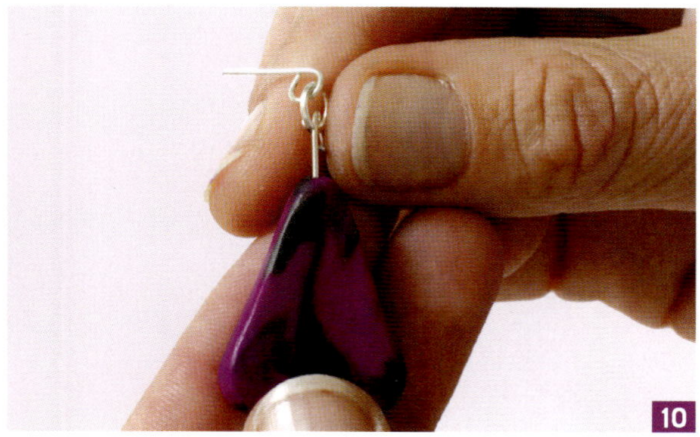

10 Enfoncez son autre extrémité dans un petit triangle.

Pour refermer correctement boucles et anneaux avec la pince sans les déformer, exercez-vous au préalable. Il est essentiel qu'ils soient bien réguliers.

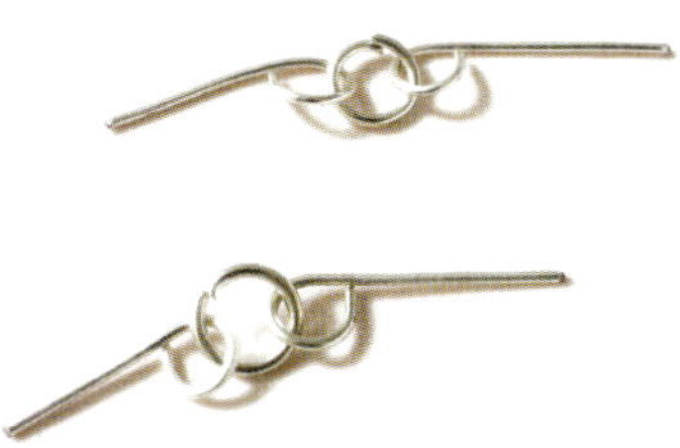

11 Répétez les étapes 9 et 10 pour former tout le collier, puis posez le fermoir.

Confection des boucles d'oreilles

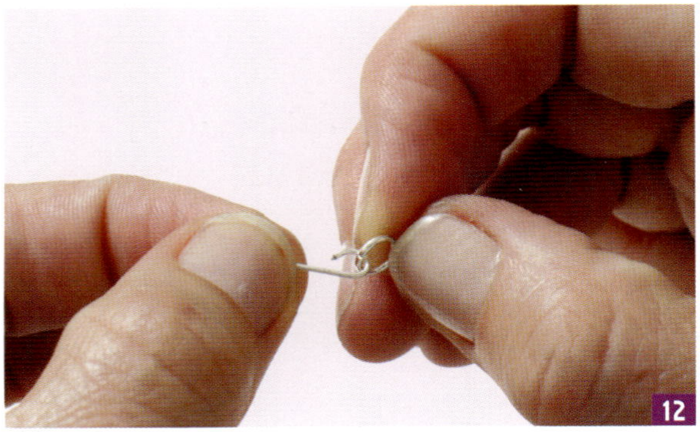

12 Recourbez l'une des extrémités d'une tige et accrochez-y un anneau.

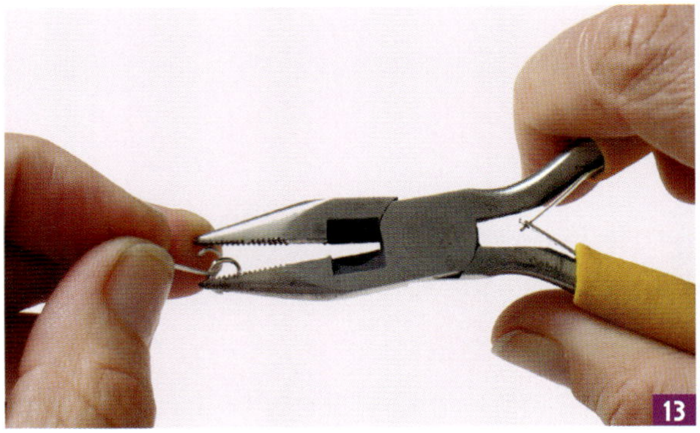

13 Serrez-les à la pince pour bien les fixer.

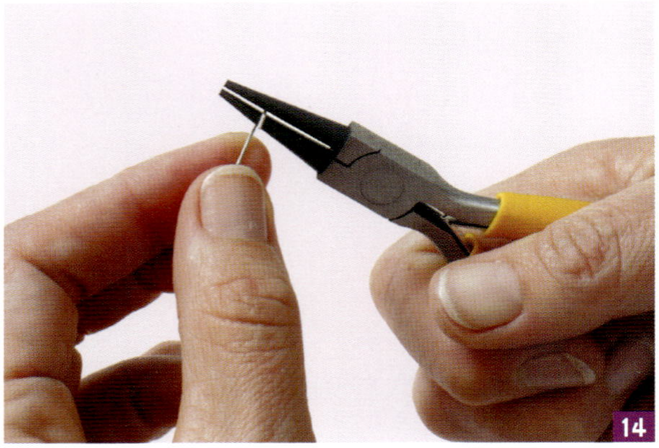

14 Recourbez l'autre extrémité de la tige.

15 Accrochez-y la monture de la boucle d'oreille.

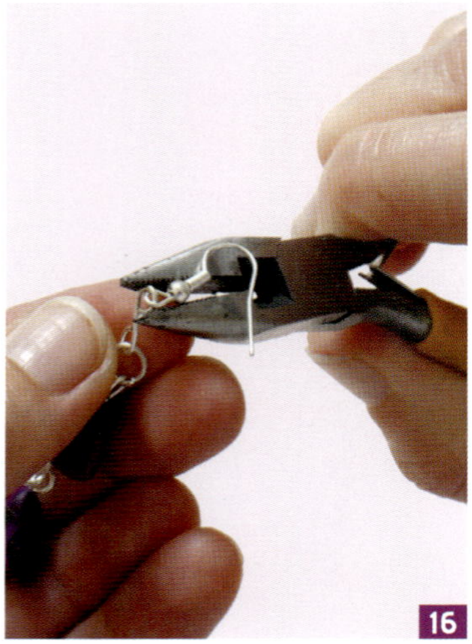

16 Refermez l'anneau formé par la tige, à la pince, pour bien fixer la monture.

17 Insérez une tige dans chaque triangle, et recourbez-en les extrémités. Réunissez les deux triangles avec un anneau de jonction, puis fixez la monture. Enfournez la parure, en suivant les instructions du fabricant.

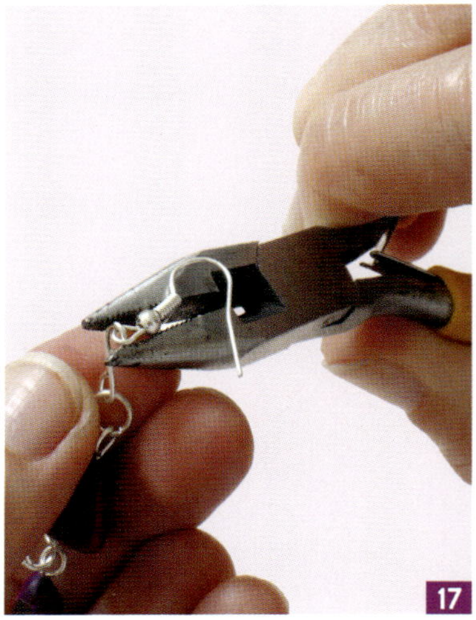

THÈME 19

COLLIER

NIVEAU DE DIFFICULTÉ : 3

Confectionner soi-même ses bijoux est un bon moyen de disposer à peu de frais de parures de diverses couleurs ou de différents styles assorties à ses tenues et adaptées à chaque occasion. Nous vous proposons ici de réaliser un ravissant collier dont vous pourrez, si vous le souhaitez, modifier les couleurs à votre gré.

Matériel

1. Pâtes blanche et or
2. Cutter
3. Pince
4. Tiges ou clous de montage
5. Tour de cou
6. Perles de serrage
7. Poinçon
8. Rouleau en verre ou en métacrylate
9. Plaque en verre ou en métacrylate

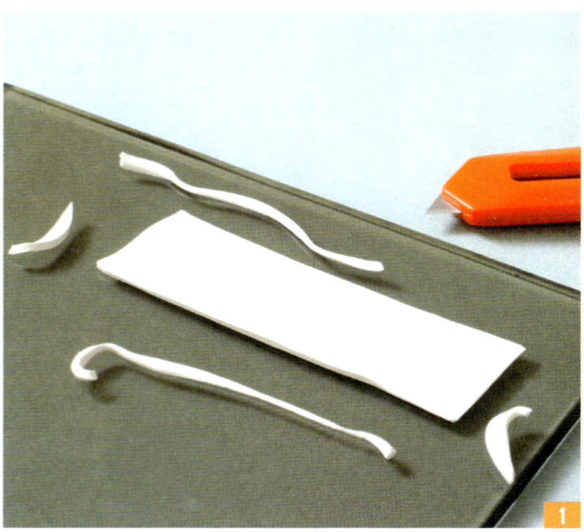

1 Aplanissez la pâte blanche au rouleau pour obtenir une plaque, et coupez les bords de celle-ci au cutter, pour lui donner une forme rectangulaire.

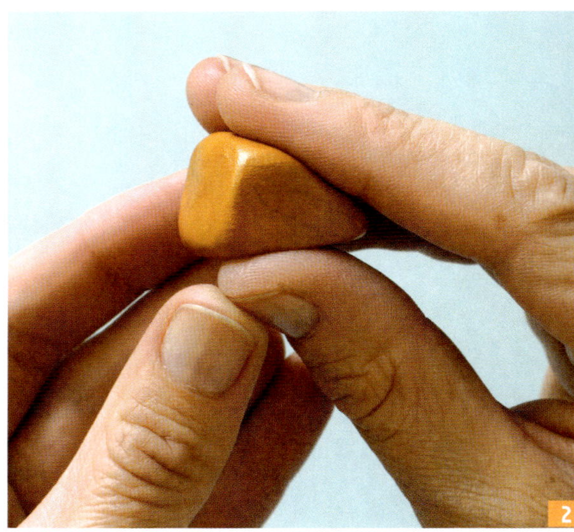

2 Prenez un morceau de pâte or et modelez-la pour obtenir une forme triangulaire.

3 Entaillez la partie supérieure de cet élément, au cutter, à peu près jusqu'au centre, puis écartez légèrement les bords de l'entaille avec la lame.

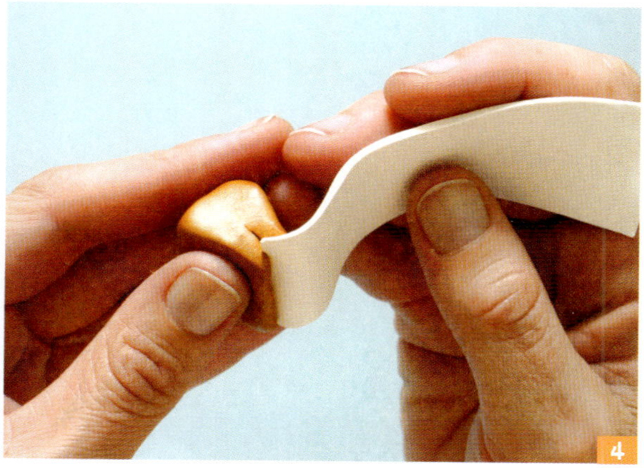

4 Introduisez l'une des extrémités de la bande blanche dans la fente, puis serrez doucement les bords, de part et d'autre, pour bien la fixer.

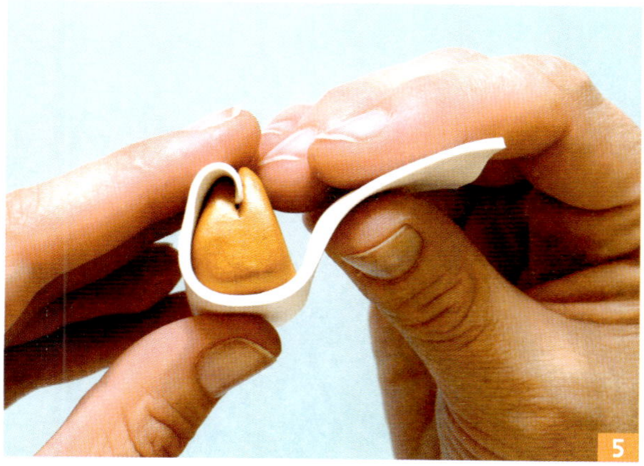

5 Enveloppez la forme triangulaire avec la plaque blanche.

6 Après l'avoir entièrement enveloppée, coupez la bande en excédent. Pressez la pâte blanche contre la pâte or, pour bien les unir.

7 Coupez l'élément obtenu en trois tronçons égaux d'environ 1 cm d'épaisseur. Vous devez obtenir trois pièces semblables à celles de la photo.

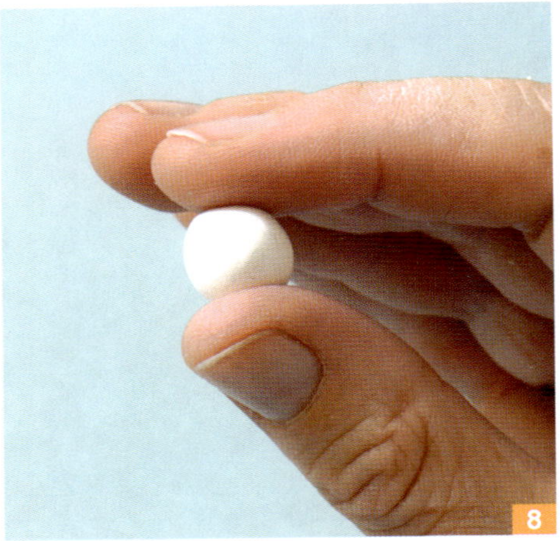

8 Prenez une petite quantité de pâte blanche et roulez-la entre vos doigts, jusqu'à l'obtention d'une boule aussi régulière que possible.

9 Veillez à ce que la taille de la boule soit bien proportionnée à celle des trois éléments obtenus à l'étape 7, pour qu'ils forment un ensemble équilibré.

10 Coupez une tige, à la pince, en trois tronçons de 1,5 cm de long.

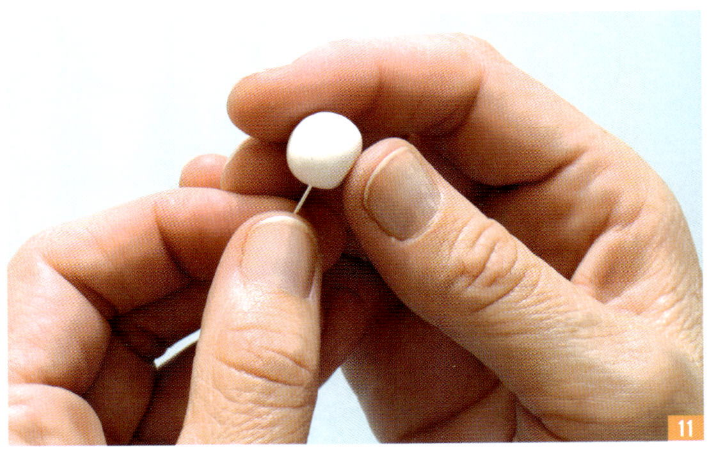

11 Introduisez l'un des fils dans la boule blanche, en l'enfonçant à peu près jusqu'au centre.

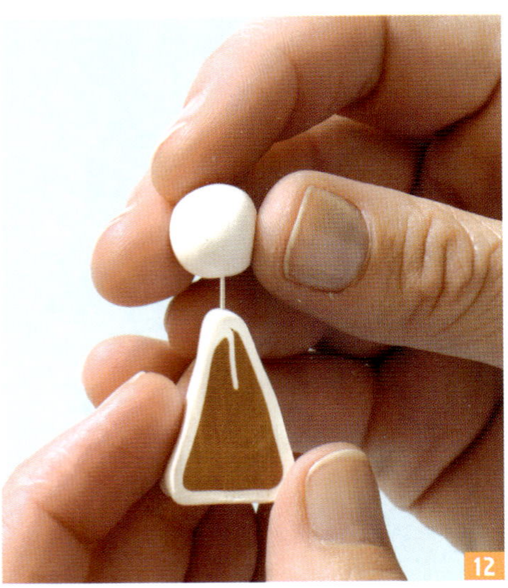

12 Enfoncez l'autre extrémité du fil dans la pointe de l'un des éléments triangulaires, de manière que les deux éléments, boule et triangle, soient solidement assemblés.

13 Enfoncez un fil au sommet d'un autre triangle blanc et or, introduisez-le à peu près jusqu'à la moitié de la pièce, puis enfoncez l'autre moitié du fil dans la boule, pour assembler les deux éléments. Répétez ces opérations avec le troisième fil. À l'issue de cette étape, l'ensemble formé par les trois triangles et la boule doit avoir cet aspect.

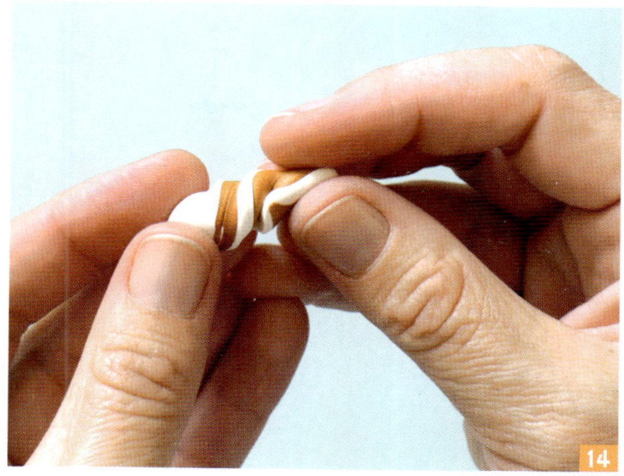

14 Prenez une petite quantité de pâte blanche et un peu de pâte or, puis mélangez-les pour obtenir une pâte marbrée.

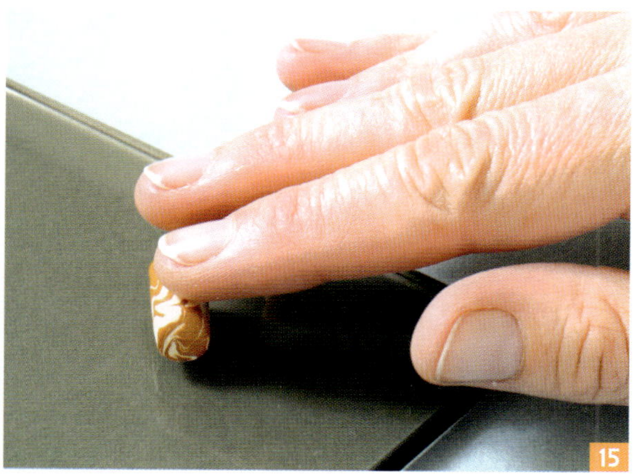

15 Roulez cette pâte avec les doigts sur une plaque en verre, pour former un petit cylindre d'environ 5 cm de long.

16 Dans ce cylindre, coupez deux morceaux d'environ 2 cm. Transpercez chacun d'eux dans le sens longitudinal avec le poinçon, pour pouvoir les enfiler sur le tour de cou.

17 Enfilez une perle de serrage sur le tour de cou.

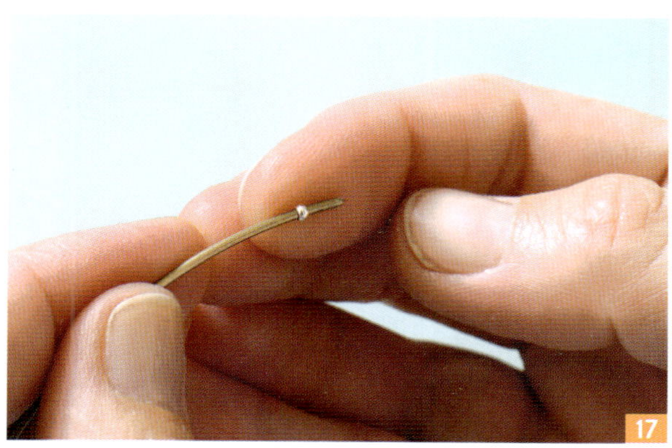

18 Enfournez toutes les pièces en pâte polymère, en suivant les instructions du fabricant. Sortez-les du four, puis enfilez un élément cylindrique sur le tour de cou.

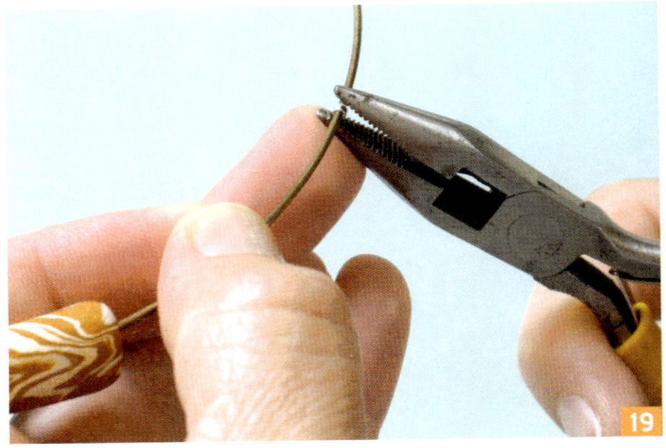

19 Mettez en place la seconde perle de serrage sur le tour de cou.

20 Positionnez le premier élément cylindrique à l'emplacement voulu, et fixez l'autre perle de serrage en l'écrasant à la pince, pour le maintenir en place.

21 Passez le fil du collier par le trou central de la boule. Répétez les étapes 18, 19 et 20 pour mettre en place le second élément cylindrique.

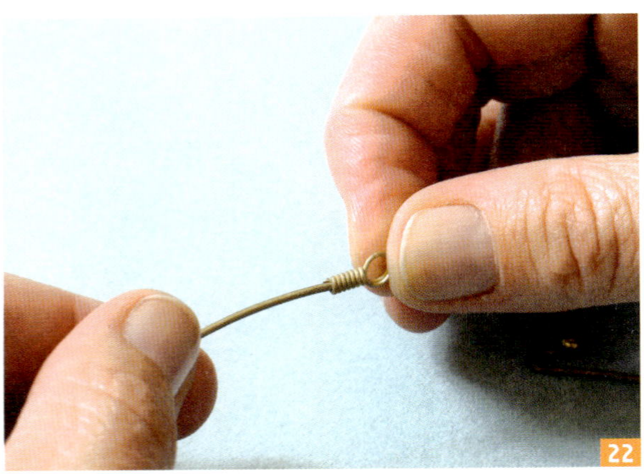

22 Après avoir mis en place et fixé cet élément, il ne vous reste plus qu'à fixer l'anneau du fermoir. Le collier est terminé.

THÈME 20

BOUGEOIRS

NIVEAU DE DIFFICULTÉ : 3

Il existe mille et une façons de personnaliser un intérieur, de le rendre plus accueillant et agréable à vivre. Pour créer une ambiance chaleureuse et apporter une touche de gaieté, par exemple, vous pouvez métamorphoser de simples bougeoirs en les habillant d'un motif associant des couleurs vives aux reflets dorés du cuivre.

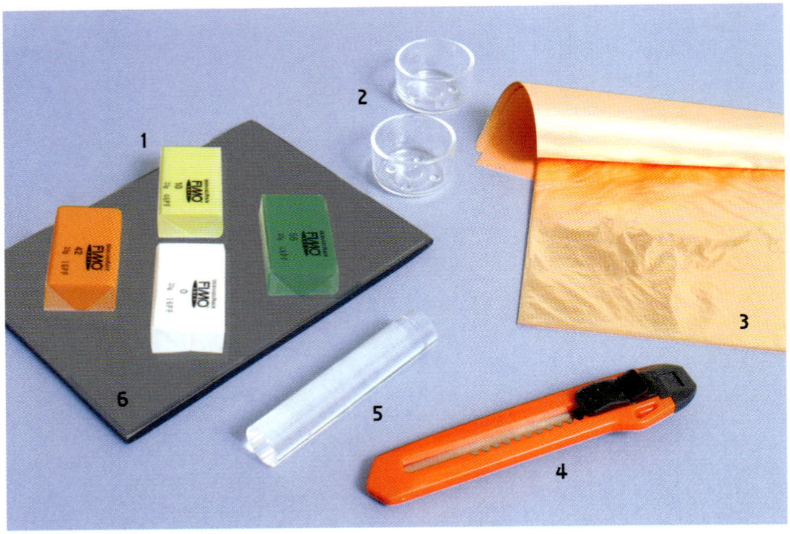

Matériel

1. Pâtes jaune, orange, verte et blanche
2. Bougeoirs en verre
3. Feuille de cuivre
4. Cutter
5. Rouleau en verre ou en métacrylate
6. Plaque en verre ou en métacrylate

Préparation de la pâte

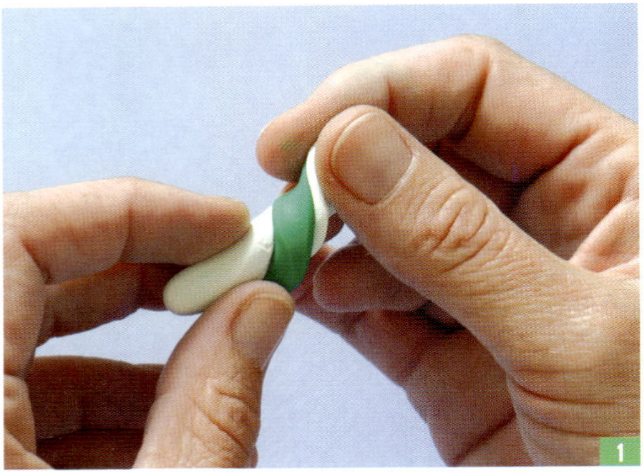

Prenez un peu de pâte verte et un peu de pâte blanche, et mélangez-les bien avec les doigts…

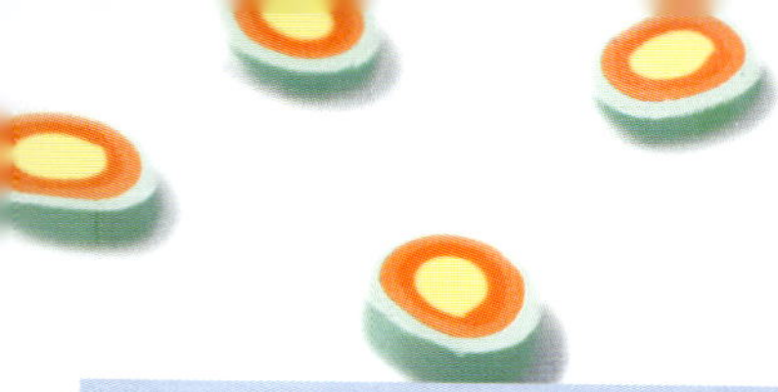

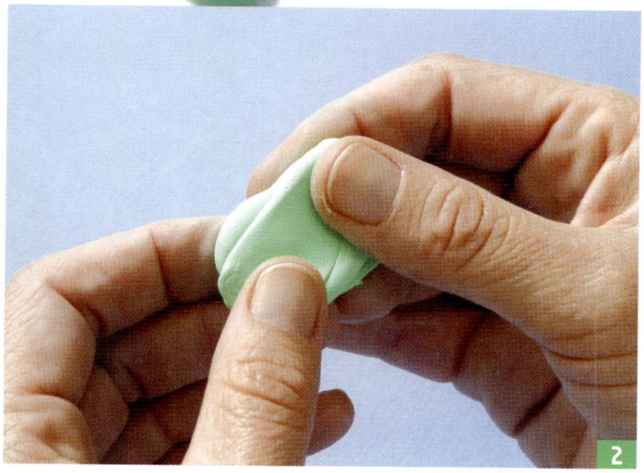

2 … jusqu'à l'obtention d'une pâte vert clair.

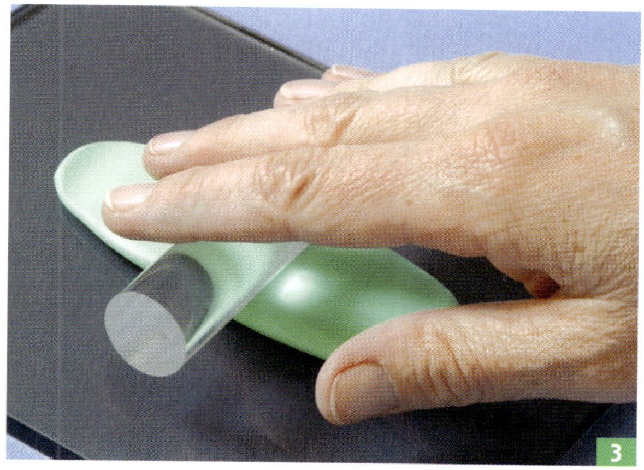

3 Aplanissez la pâte au rouleau pour obtenir une plaque fine.

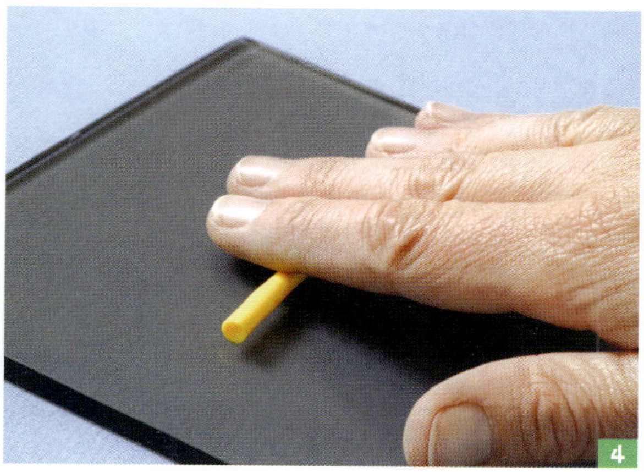

4 Prenez une petite quantité de pâte jaune et roulez-la avec les doigts sur la plaque en verre pour former un boudin.

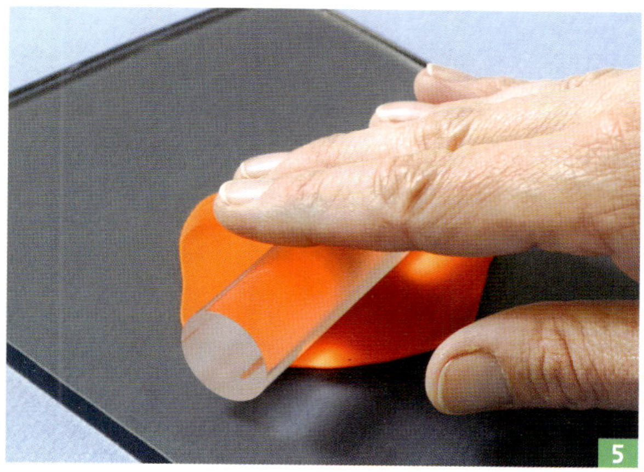

5 Aplanissez la pâte de couleur orange au rouleau, pour obtenir une plaque mince.

Pour obtenir une plaque fine d'épaisseur uniforme, aplanissez progressivement la pâte polymère, en passant plusieurs fois le rouleau à sa surface, sans exercer une pression trop forte. Vous n'obtiendriez pas le même résultat en écrasant la pâte.

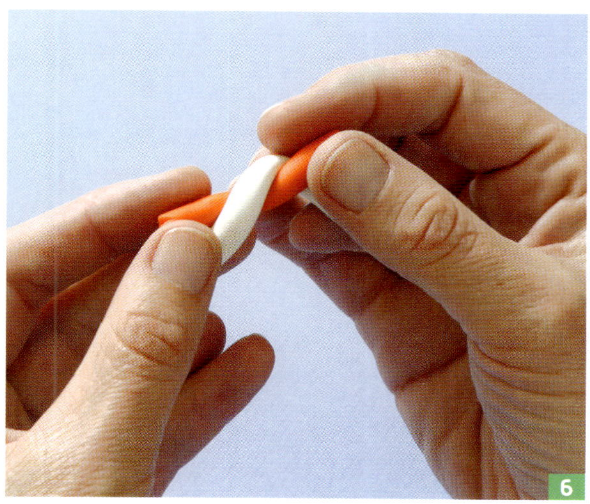

6 Mélangez la pâte orange avec la pâte blanche, en parts égales, pour obtenir une pâte orange clair.

7 Aplanissez la pâte obtenue au rouleau, pour former une plaque fine.

8 Posez la plaque de couleur verte sur le plan de travail. Recouvrez-la de la plaque orange et, pour finir, posez le boudin de couleur jaune au centre, dans le sens longitudinal.

9 Égalisez les quatre côtés des plaques au cutter, de façon à obtenir une bande rectangulaire au contour régulier.

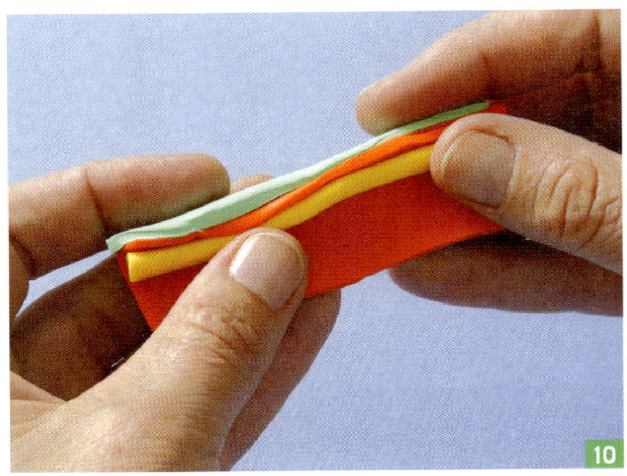

10 Enroulez les plaques autour du boudin…

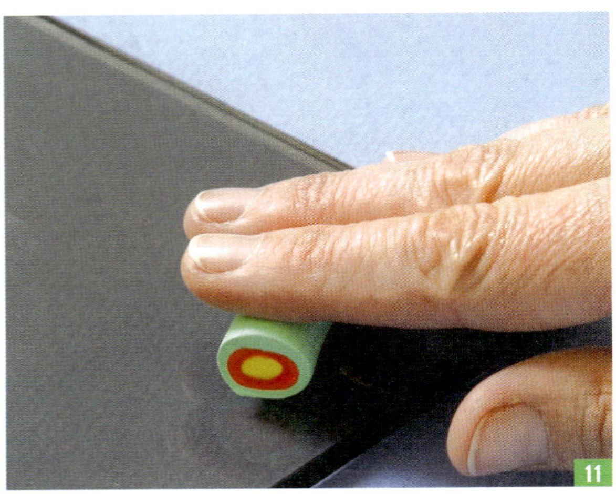

11 … pour former un rouleau à tranche multicolore.

Élaboration du motif décoratif

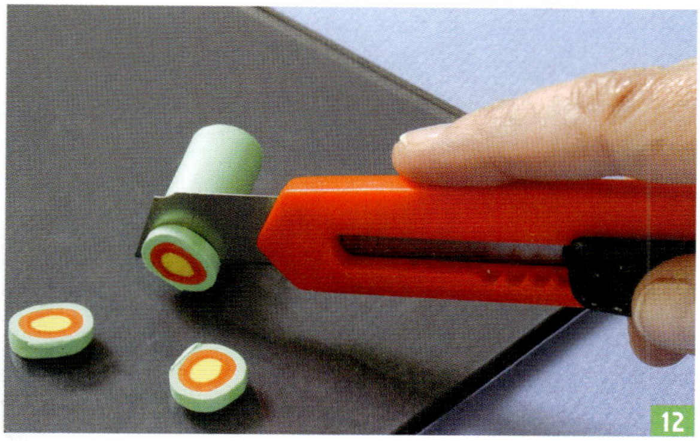

Pour une finition parfaite, les rondelles doivent être d'épaisseur parfaitement égale, et celle-ci ne doit pas dépasser 4 à 5 mm. Veillez à les découper avec soin, pour que leur tranche soit bien nette, sans bavures.

12 Coupez le rouleau en tranches, à l'aide du cutter. Vous obtiendrez ainsi une série de rondelles multicolores de 4 à 5 mm d'épaisseur.

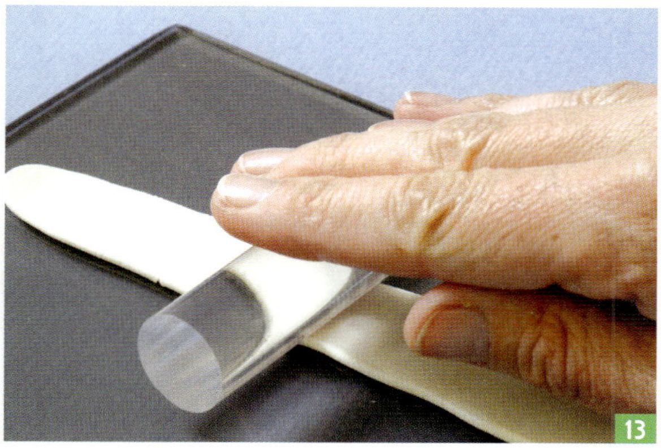

13 Prenez de la pâte blanche et aplanissez-la au rouleau pour obtenir une plaque fine.

14 Recouvrez cette plaque d'une feuille de cuivre.

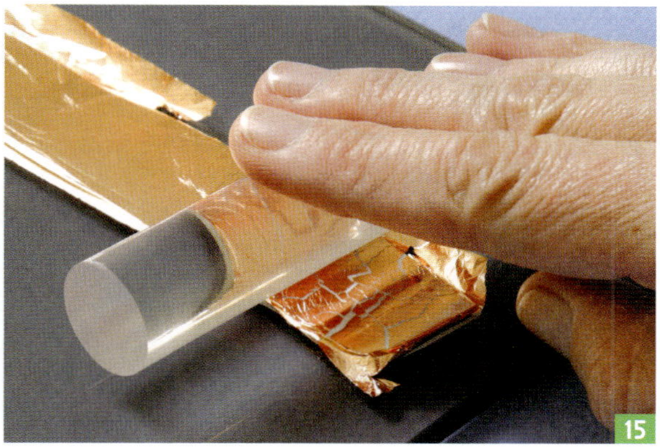

15 Passez le rouleau sur la feuille de cuivre…

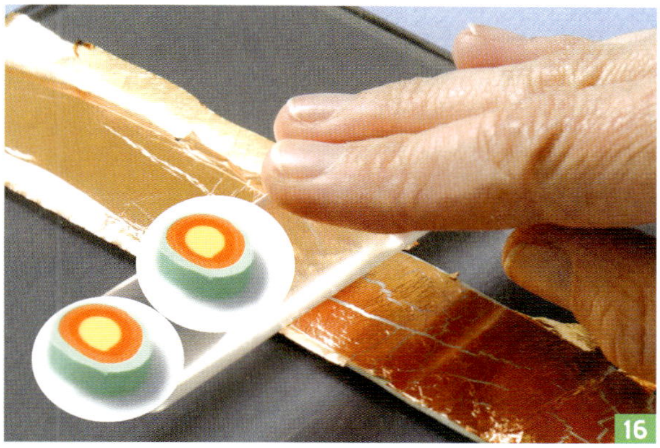

16 … pour l'incruster dans la pâte, jusqu'à ce qu'elle présente un aspect craquelé.

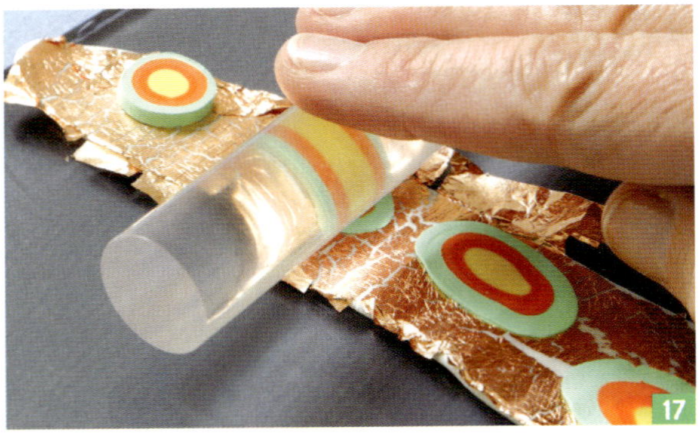

17 Posez les rondelles multicolores sur la plaque recouverte de la feuille de cuivre et aplanissez-les au rouleau…

18 … de façon à obtenir une bande compacte semblable à celle de la photographie.

Mise en place du motif décoratif

19 Recouvrez un bougeoir de cette bande, en la faisant bien adhérer à la surface du verre.

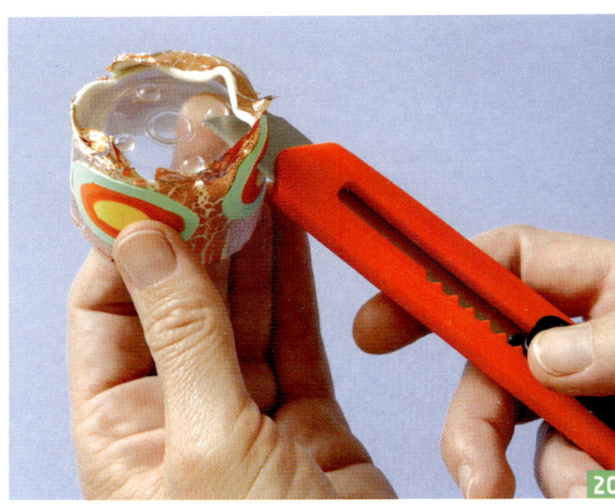

20 Après avoir enroulé entièrement la bande autour du bougeoir, repositionnez-la si besoin, puis pressez-la légèrement avec les doigts. Arasez ses bords au cutter. Agrémentez le second bougeoir de la même façon. Il ne vous reste plus qu'à enfourner les bougeoirs, en suivant les instructions du fabricant.

THÈME 21

PETIT ÉPOUVANTAIL DÉCORATIF

NIVEAU DE DIFFICULTÉ : 3

Nous vous proposons de confectionner un sympathique épouvantail, dont l'aspect artisanal est des plus séduisants. Cet élément décoratif très original apportera une note de gaieté et de fantaisie à votre cadre de vie. Vous pouvez, bien entendu, choisir des couleurs qui répondent plus à votre goût ou s'harmonisent mieux avec celles de la pièce où vous allez le suspendre.

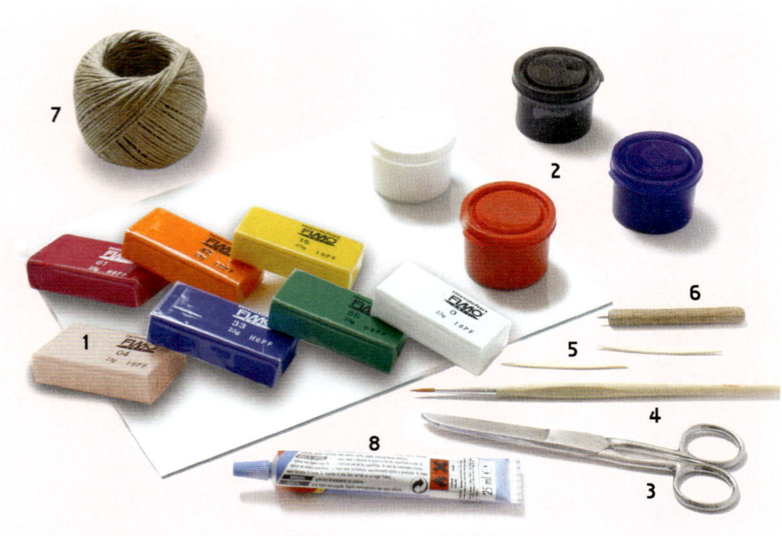

Matériel

1. Pâtes rose, rouge, orange, jaune, bleue, verte et blanche
2. Peintures acryliques blanche, noire, rouge et bleue
3. Ciseaux
4. Pinceau
5. Piques en bois
6. Poinçon
7. Ficelle
8. Colle

Préparation des éléments du corps

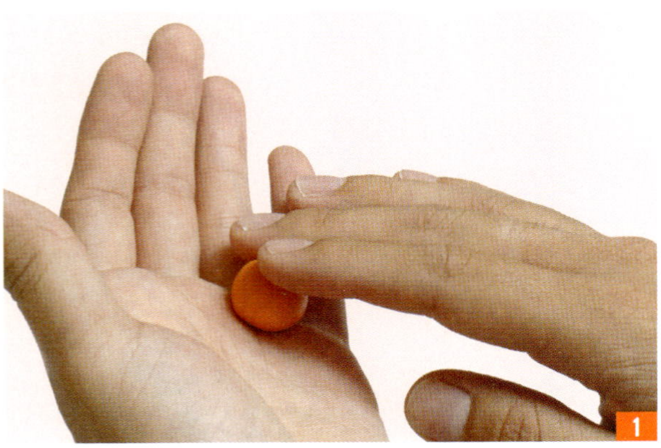

Prenez une petite quantité de pâte de couleur orange et roulez-la sur la paume de votre main, jusqu'à l'obtention d'une boule.

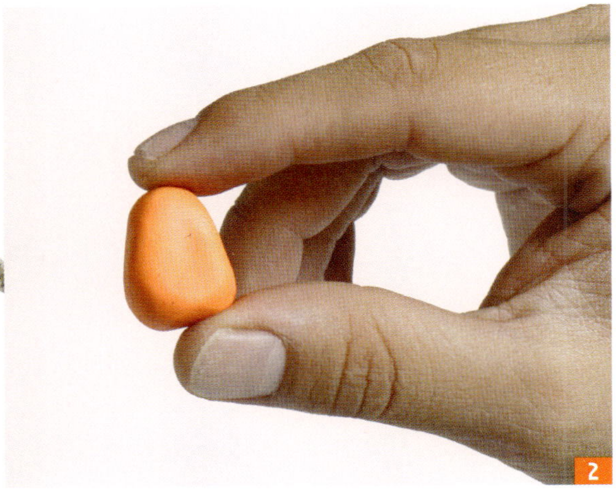

2 Modelez cette boule de façon à lui donner une forme triangulaire.

3 Prenez une petite quantité de pâte de couleur rouge et pétrissez-la, de façon à obtenir une plaque circulaire.

4 Avec une pique en bois, faites de petites incisions rectilignes sur cette plaque, afin de lui donner de la texture. Travaillez du centre vers l'extérieur, en répartissant les incisions en éventail.

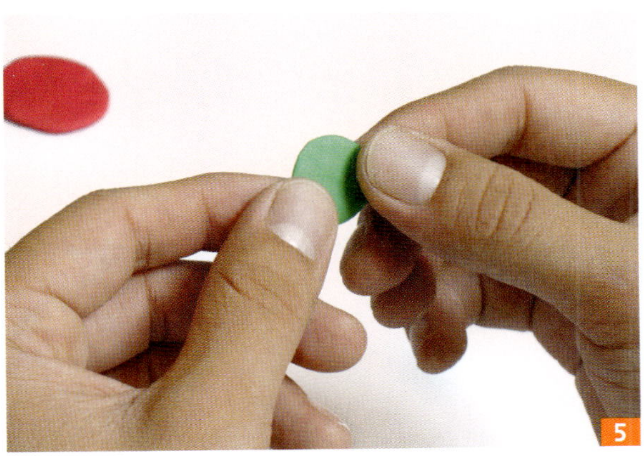

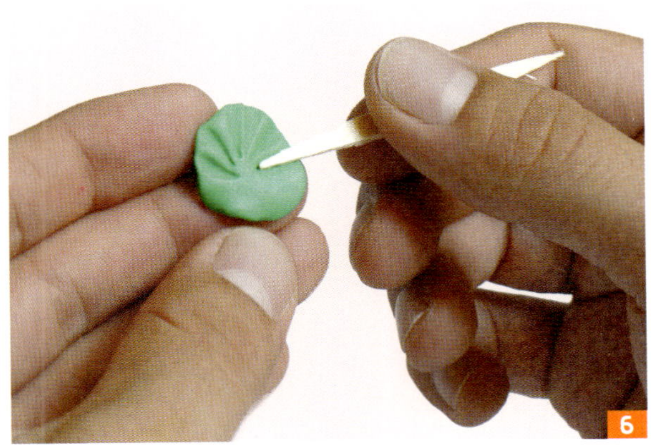

5 Modelez une autre plaque circulaire, de plus petite taille, avec un peu de pâte de couleur verte.

6 Répétez avec cette plaque l'étape 4, pour lui donner de la texture.

Assemblage des éléments du corps

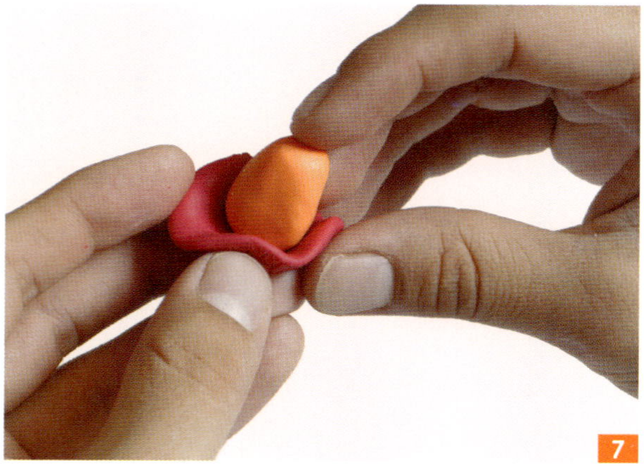

7 Prenez l'élément triangulaire correspondant au corps de l'épouvantail et pressez-en la base contre le cercle rouge, pour les assembler.

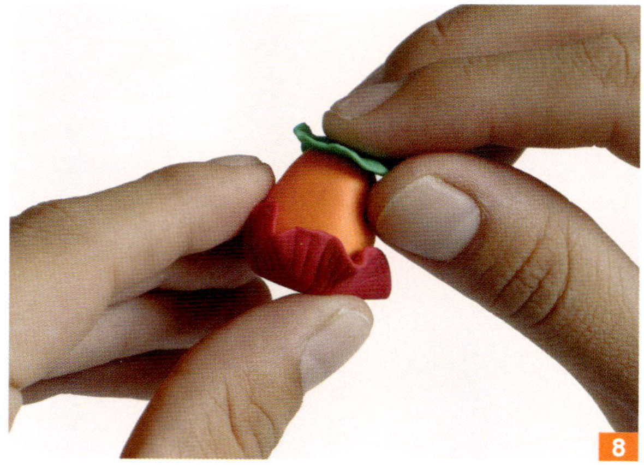

8 Prenez le cercle vert et pressez-le contre la partie supérieure du corps de l'épouvantail.

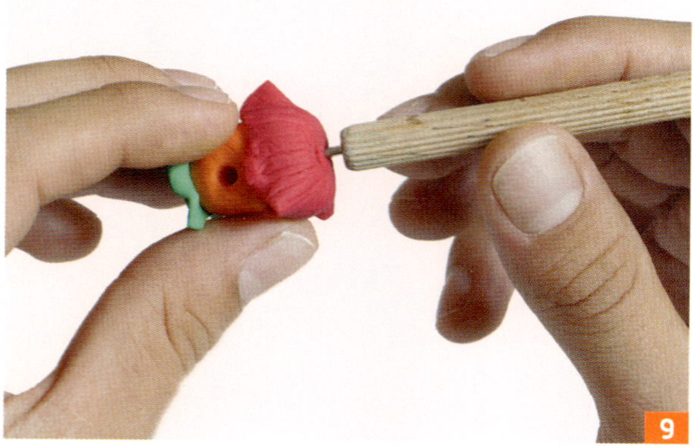

9 Sur la partie inférieure du corps, percez deux trous au poinçon, en les espaçant légèrement, pour insérer les jambes.

10 Percez deux trous de part et d'autre du corps, pour les bras…

11 … et un autre trou dans la partie supérieure, pour la tête.

Réalisation de la tête

12 Prenez une petite quantité de pâte de couleur rose et formez une boule.

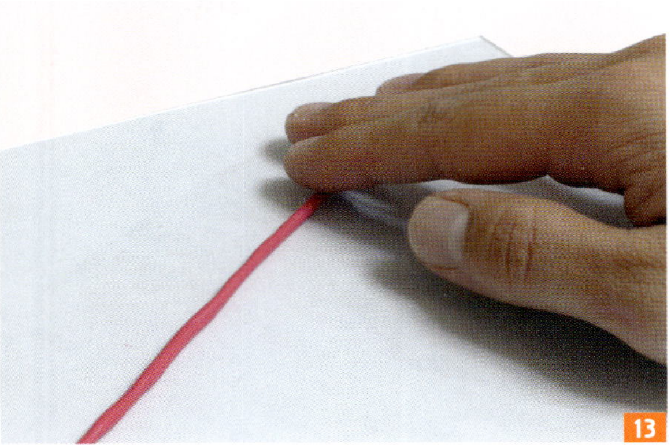

13 Avec la pâte rouge, modelez plusieurs boudins très fins.

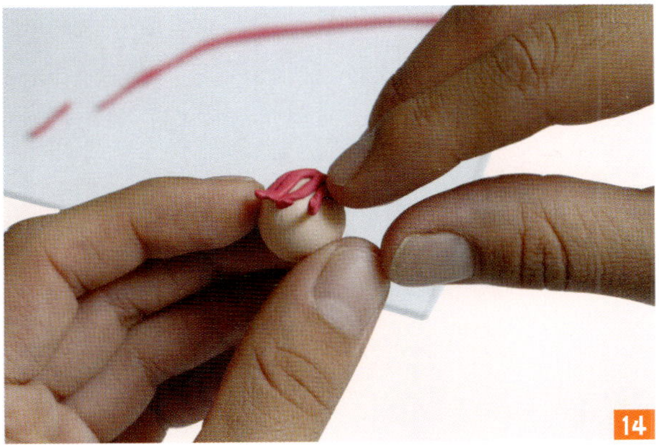

14 Coupez ces boudins en tronçons très courts, qui formeront les cheveux. Placez-les un par un sur la boule, en veillant à bien les répartir.

15 Une fois ce travail achevé, la chevelure doit avoir cet aspect.

16 Avec le poinçon, percez un trou à la base de la tête, pour insérer le cou.

Confection du chapeau

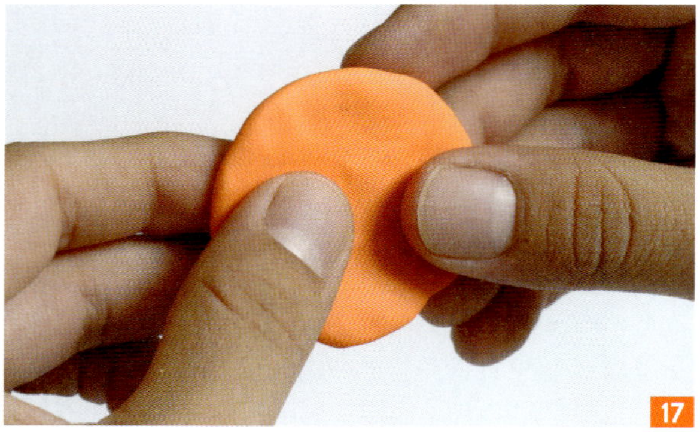

17

17 Prenez un peu de pâte orange et modelez-la en une fine plaque circulaire.

18

18 Avec le poinçon, percez une série de petits trous dans la plaque, en formant un cercle.

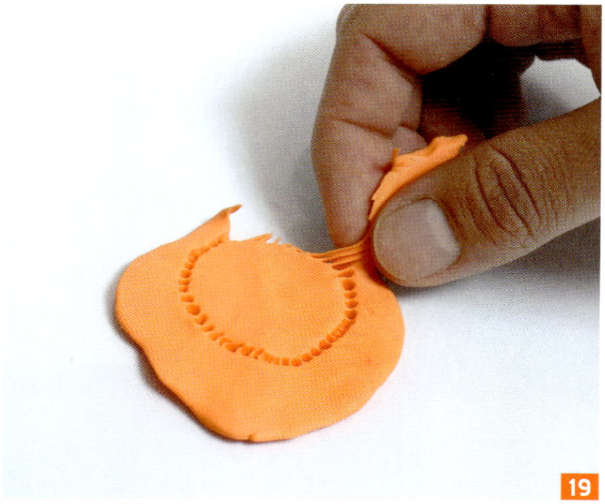

19

20

20 Modelez cette plaque circulaire avec les doigts, pour lui donner l'apparence d'un chapeau.

19 Découpez la plaque orange avec les doigts, en suivant le contour du cercle formé avec le poinçon et en procédant avec soin. Vous obtiendrez ainsi une plaque circulaire au contour assez irrégulier.

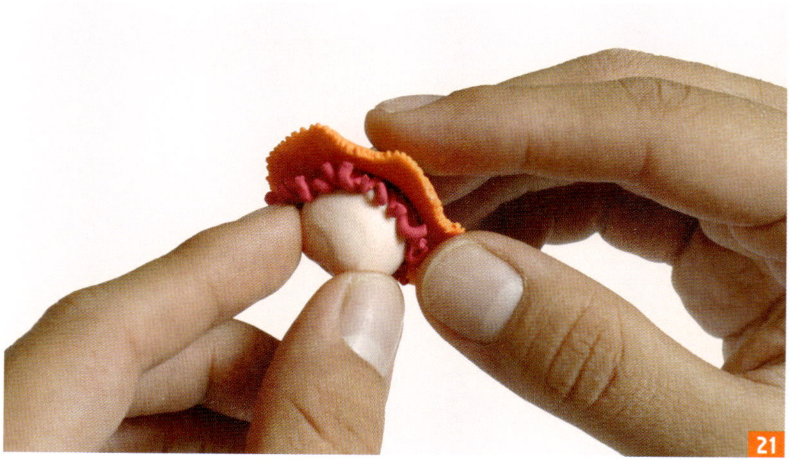

21

21 Posez le chapeau sur la tête, en couvrant partiellement les cheveux.

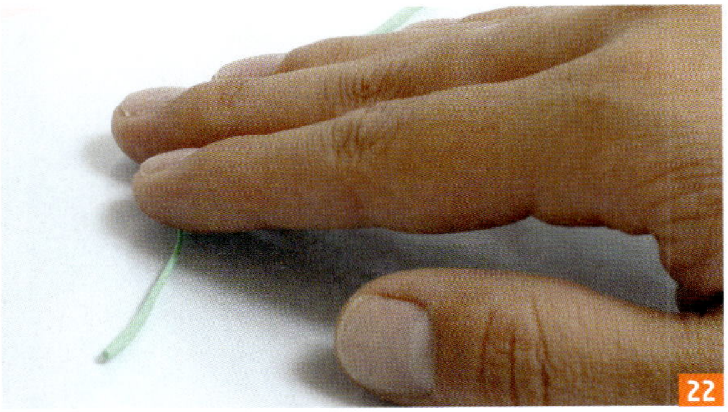

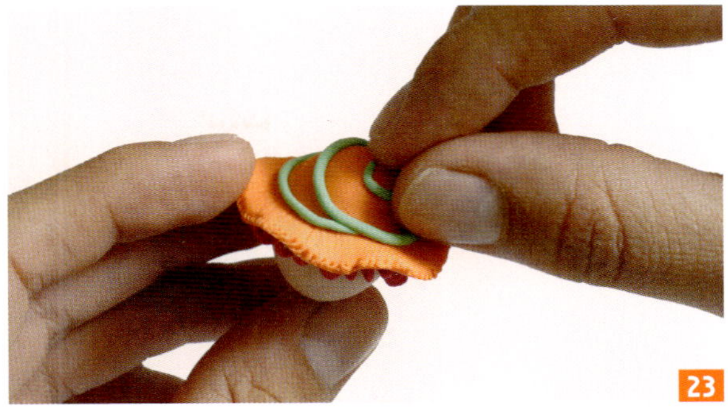

22 Prenez une petite quantité de pâte de couleur verte et roulez-la sur le plan de travail, de façon à obtenir un boudin très fin.

23 Enroulez ce petit boudin en spirale autour de la partie bombée du chapeau…

24 … jusqu'à son sommet.

25 À ce stade du processus, la tête de l'épouvantail doit avoir cet aspect.

Assemblage de l'épouvantail

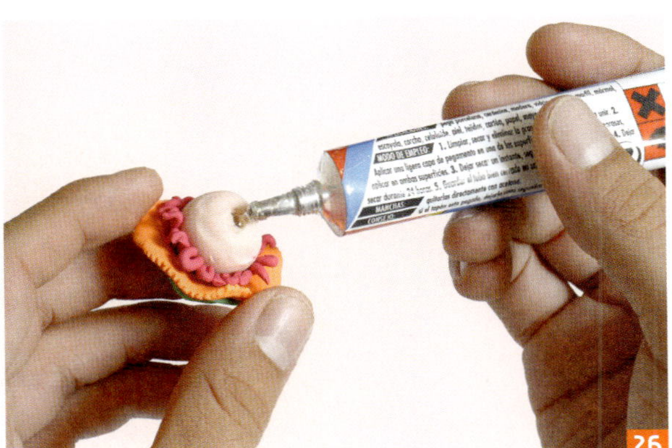

26 Appliquez de la colle sur la base de la tête.

27 Insérez une pique en bois dans le trou pratiqué à l'étape 16 et laissez sécher.

28 Enfoncez l'autre extrémité de la pique en bois dans le corps, pour l'unir à la tête.

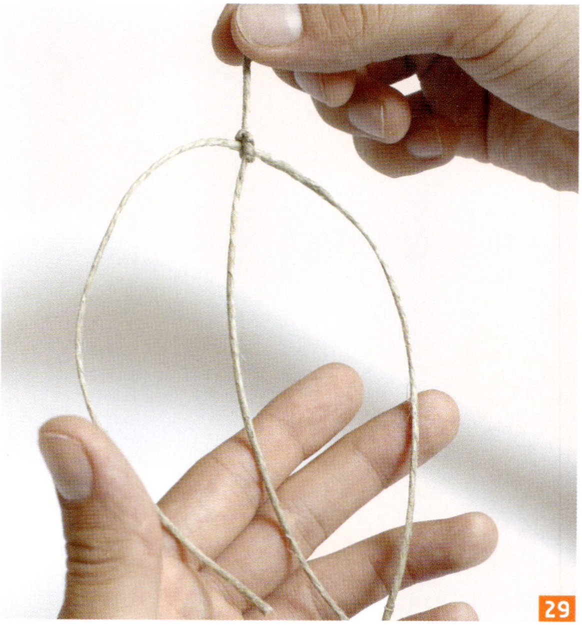

29 Nouez trois brins de ficelle, puis tressez-les ensemble.

30 Coupez l'extrémité de la tresse avec les ciseaux.

Après avoir appliqué un peu de pâte polymère sur les bras et les jambes, pour éviter que les tresses ne se défassent, mieux vaut ne pas couper leurs extrémités : elles offrent beaucoup plus d'intérêt lorsqu'elles sont effilochées.

31 Confectionnez quatre tresses, deux pour les bras et deux pour les jambes.

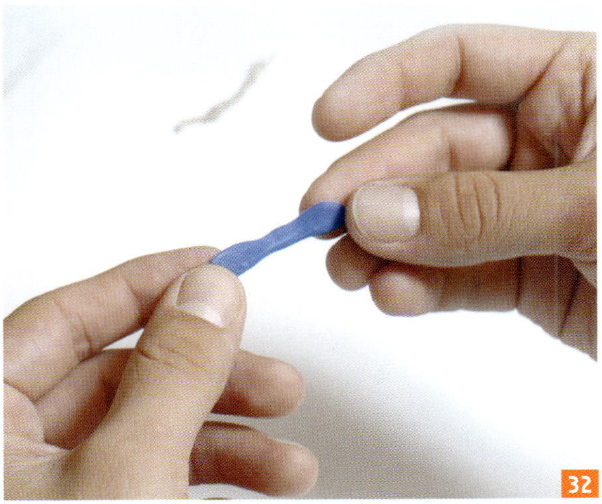

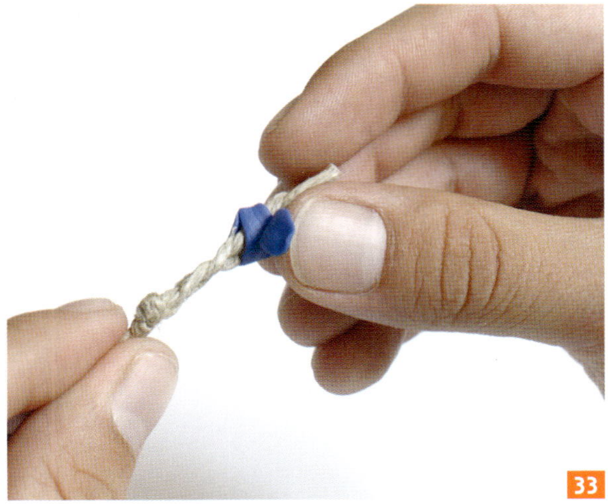

32 Prenez une petite quantité de pâte bleue, modelez-la en forme de ruban…

33 … et enveloppez l'extrémité de l'une des tresses de ce ruban. Modelez un autre ruban bleu et appliquez-le sur la tresse formant l'autre bras. Cette opération est destinée à éviter qu'elles ne se défassent. Répétez les étapes 32 et 33 avec de la pâte de couleur verte, pour les jambes.

34 Encollez les bras et les jambes…

35 … puis insérez-les dans les trous pratiqués aux étapes 10 et 11.

Décoration et finition de l'épouvantail

36 Avec un pinceau fin, peignez à l'acrylique les pois du costume et les traits du visage.

37 Avec de la pâte de couleur verte, façonnez un crochet, puis fixez-le au chapeau.

38 Nouez une ficelle à l'anneau du crochet.

39 Faites une boucle à l'autre extrémité de la ficelle : elle vous servira à suspendre l'épouvantail.

THÈME 22

TÊTE-À-TÊTE

NIVEAU DE DIFFICULTÉ : 3

Les pièces fabriquées en série, dont l'aspect est peu chaleureux et ordinaire, gagnent à être mises en valeur par un motif décoratif. Le projet que nous vous proposons ici montre qu'il est possible, en laissant libre cours à son imagination et en tirant parti de l'éclat de certaines couleurs, de modifier complètement l'aspect d'objets aussi communs que ces deux tasses en céramique blanche, pour en faire un ravissant tête-à-tête.

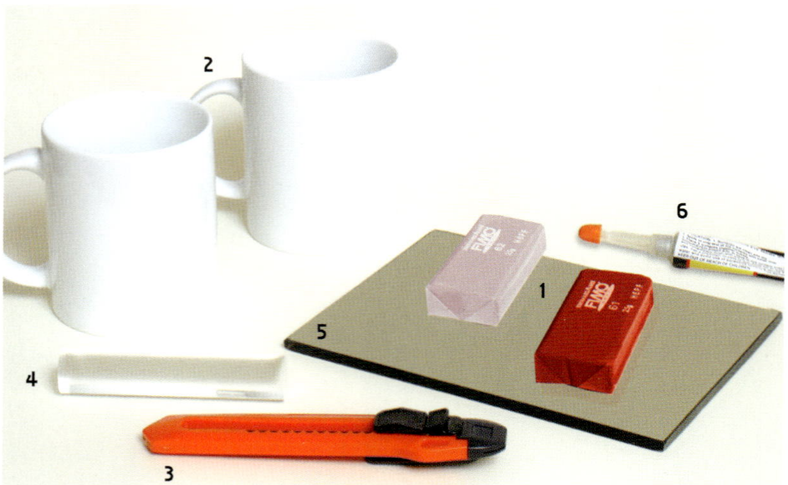

Matériel

1. Pâtes couleur chair et rouge vif
2. Tasses en céramique blanche
3. Cutter
4. Rouleau en verre ou en métacrylate
5. Plaque en verre ou en métacrylate
6. Colle

Préparation de la pâte

1

Modelez un morceau de pâte rouge en forme de boudin, puis aplanissez-le au rouleau…

2 … de façon à former une barre de section carrée.

2

3

3 Prenez un morceau de pâte couleur chair et aplanissez-le au rouleau pour obtenir une plaque fine.

4 Enroulez cette plaque autour de la barre de pâte rouge.

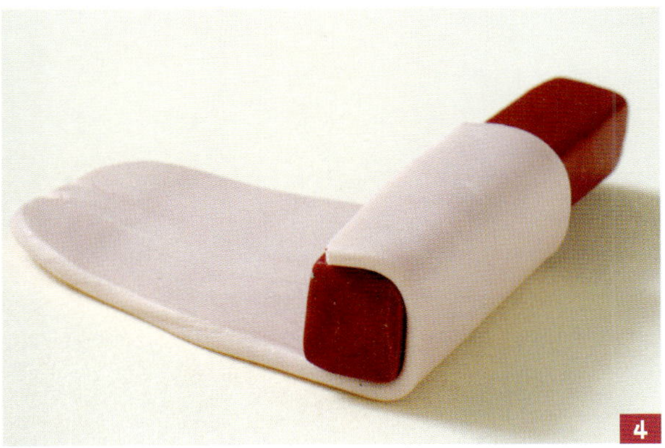

4

5

5 Après avoir enveloppé complètement la barre, pressez fortement la plaque à sa surface, de façon à obtenir un ensemble compact.

6 Coupez au cutter le surplus de pâte couleur chair et la partie excédentaire de la barre rouge.

6

7

7 Coupez la barre rouge entourée de pâte rose en deux parties égales. Taillez chacun de ces morceaux en diagonale dans le sens longitudinal : vous obtiendrez des barres courtes de section triangulaire.

8

8 Prenez un peu de pâte rouge et roulez-la, avec les doigts, sur la plaque en verre, pour former un boudin très fin.

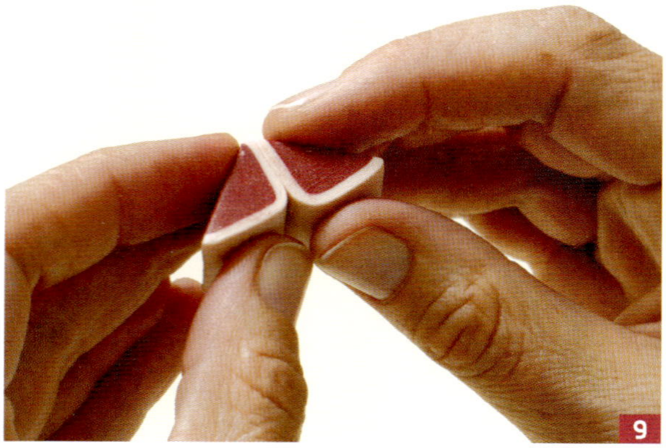
9

9 Prenez deux barres triangulaires et collez-les ensemble sur l'un des côtés de l'angle.

10

10 Insérez le boudin de couleur rouge dans le sillon formé par les deux barres assemblées.

11

11 Répétez l'étape 9 avec les deux autres barres, puis assemblez-les aux barres déjà réunies, pour obtenir une masse cubique.

12 Avec le cutter, découpez ce cube en tranches de 2 mm d'épaisseur, de façon à obtenir de petits carrés, ou tesselles, au motif semblable à celui de la photographie.

Décoration des tasses

13 Collez ces tesselles sur une tasse, en partant de la base, et en apportant beaucoup de soin à leur mise en place. Ajustez leur position au fur et à mesure, de façon qu'elles forment des rangées régulières, et accolez-les étroitement les unes aux autres en exerçant une légère pression.

14 Après avoir terminé la première rangée, commencez la deuxième. Disposez les tesselles de façon régulière, en veillant à ce qu'elles forment un motif continu. À chaque rangée, posez deux pièces de moins qu'à la rangée précédente, en en éliminant une à chaque extrémité, de façon à obtenir un motif en escalier.

Pour que l'ensemble soit esthétique, il est indispensable que les tesselles soient toutes au même niveau et parfaitement unies les unes aux autres. Il ne doit rester aucun espace entre elles.

15 Pour finir, posez une seule tesselle au sommet. Procédez de la même façon pour décorer l'autre tasse, puis enfournez les pièces, en respectant les instructions du fabricant.

POT-POURRI

NIVEAU DE DIFFICULTÉ : 3

Pourquoi ne pas joindre l'utile à l'agréable en confectionnant un pot-pourri qui embellira votre quotidien ? Avec un peu d'imagination, d'habileté et de patience, vous pourrez créer de vos propres mains toutes sortes d'objets domestiques et leur donner ainsi beaucoup plus de cachet.

Matériel

1. Pâtes blanche et marron
2. Patron de la base de la corbeille
3. Piques en bois
4. Poinçon
5. Rouleau en verre ou en métacrylate
6. Plaque en verre ou en métacrylate

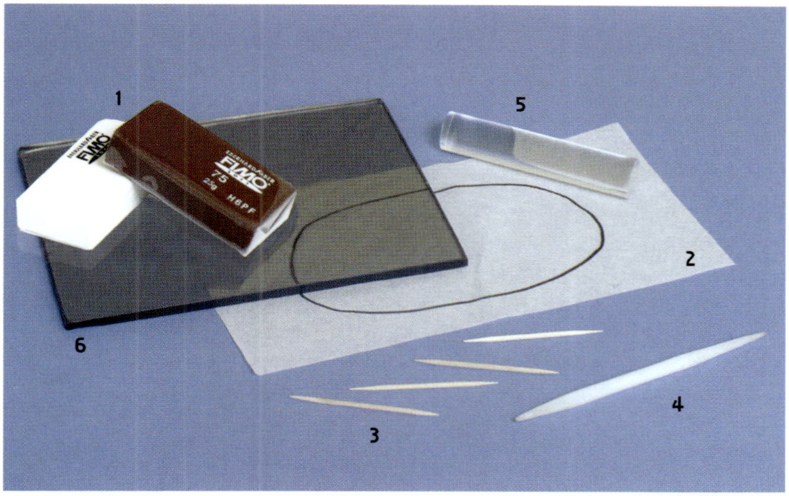

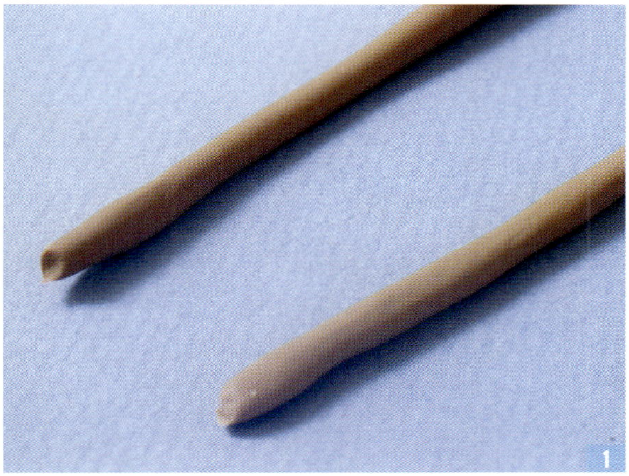

1 Prenez un morceau de pâte marron et un morceau de pâte blanche, puis mélangez-les. Roulez la pâte obtenue avec vos doigts, de manière à façonner plusieurs boudins assez fins.

2 Prenez deux boudins et assemblez-les en les torsadant. Formez plusieurs torsades de la même façon.

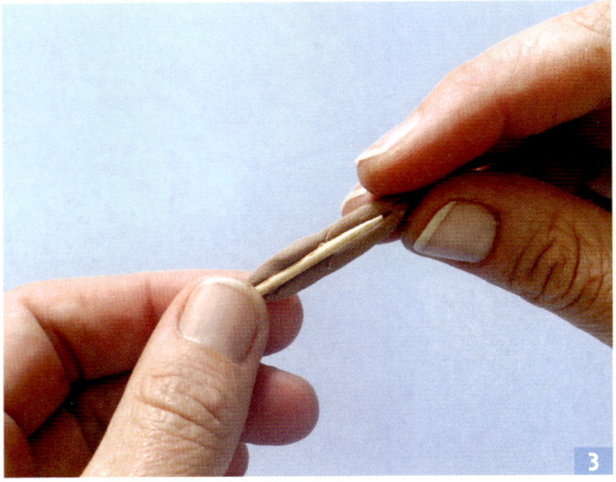

3 Façonnez de fines plaques avec la pâte obtenue à l'étape 1, et enroulez-les autour de piques en bois.

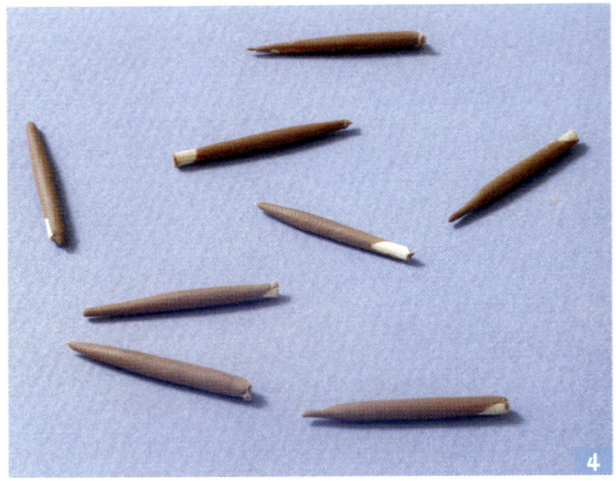

4 Ne recouvrez pas entièrement les piques : laissez l'une de leurs extrémités à découvert.

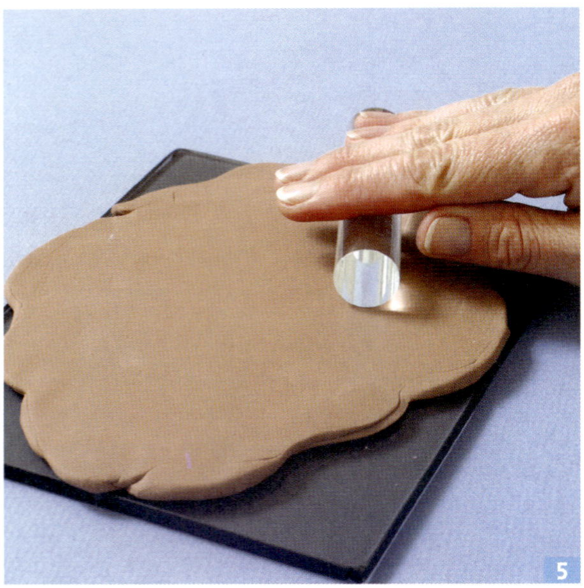

5 Prenez un morceau de pâte marron et un morceau de pâte blanche et mélangez-les intimement. Posez la pâte obtenue sur la plaque en verre et aplanissez-la au rouleau pour former la plaque qui constituera la base du pot-pourri.

Si vous voulez obtenir un boudin fin et régulier, déplacez latéralement vos doigts sur toute sa longueur tout en le faisant rouler, en exerçant une pression uniforme.

6 Posez le patron de la base sur cette plaque, en veillant à bien le centrer.

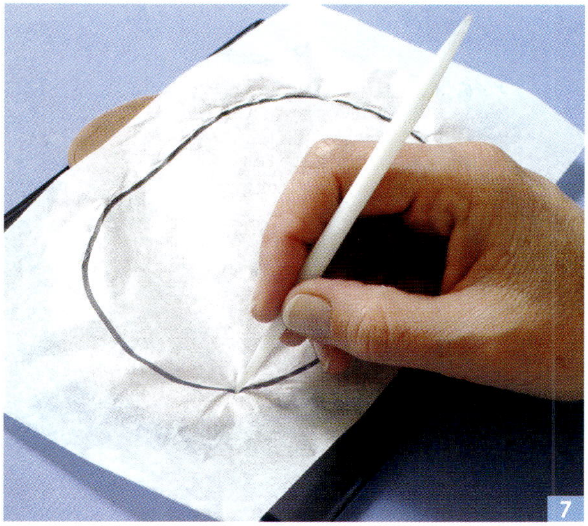

7 Avec le poinçon, reportez le dessin du patron sur la plaque, pour marquer le contour de la base.

8 Découpez la plaque au cutter, en suivant les marques faites au poinçon.

9 Plantez les bâtonnets sur le pourtour de la base, à environ 5 mm du bord, en les espaçant d'à peu près 2 cm.

10 Avec les torsades confectionnées à l'étape 2, commencez à tresser la paroi du pot-pourri, en veillant à ce que la première torsade soit bien en contact avec la base. Posez-la de façon très régulière, en la passant alternativement devant la face interne et derrière la face externe des bâtonnets.

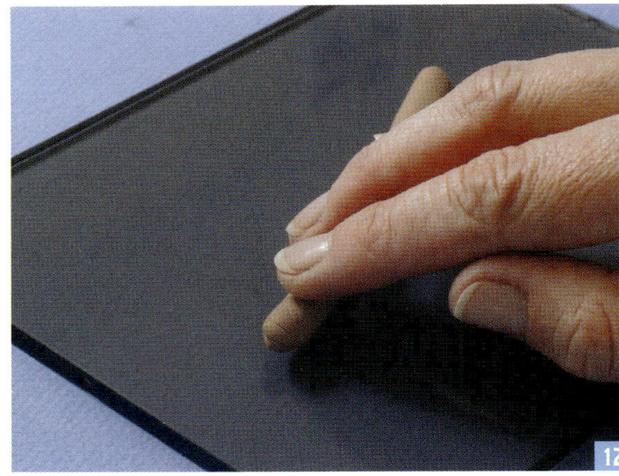

11 Procédez de la même façon pour poser la torsade suivante, mais en alternant leur position par rapport aux bâtonnets : passez à l'intérieur des bâtonnets quand la torsade précédente passe à l'extérieur, et à l'extérieur quand elle passe à l'intérieur. Posez toutes les torsades ainsi, en alternant les passages, à la manière de la chaîne et de la trame d'une toile.

12 Superposez les torsades jusqu'à ce qu'elles atteignent presque le haut des bâtonnets. Modelez la quantité nécessaire de pâte en la faisant rouler sur la plaque en verre, avec les doigts, pour former un boudin de la même épaisseur que les torsades.

13 Pour achever la paroi du pot-pourri, posez ce boudin sur son bord supérieur, en l'enfonçant sur les pointes des bâtonnets.

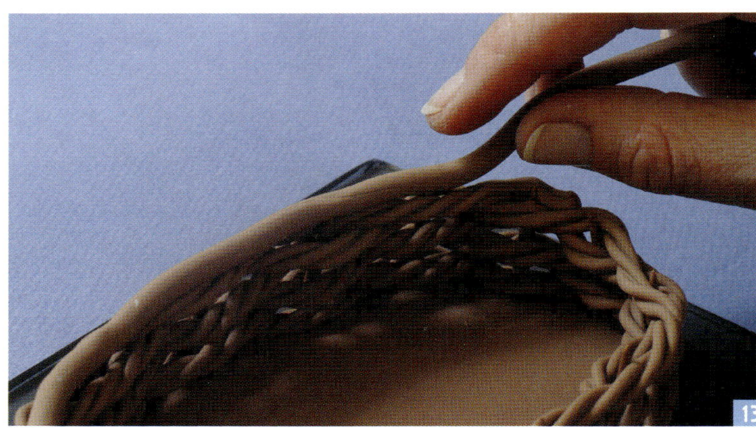

14 Si vous voulez améliorer l'aspect de l'objet, vous pouvez donner de la texture au boudin de finition. Enfournez le pot-pourri, en suivant les instructions du fabricant.

THÈME 24

COMPOSITION FLORALE

NIVEAU DE DIFFICULTÉ : 3

Il existe de multiples façons de personnaliser un intérieur. Avec un peu d'imagination, on peut, sans se ruiner, le doter d'éléments décoratifs originaux pour en rajeunir le style. Nous vous proposons ici de réaliser une composition florale aux formes insolites et aux couleurs vives grâce à laquelle l'atmosphère de votre entrée ou toute autre pièce prendra un coup de jeune.

Matériel

1. Quatre plaques en verre rectangulaires de hauteurs différentes
2. Pâtes rouge, fuchsia, verte et orange
3. Cutter
4. Rouleau en verre ou en métacrylate
5. Papier pour les gabarits
6. Ébauchoir
7. Feutre
8. Colle
9. Plaque en verre ou en métacrylate

Voici les motifs qui vont servir de base à la confection des gabarits.

Premier motif floral

1 Pétrissez un morceau de pâte orange, puis posez-le sur votre surface de travail et aplanissez-le au rouleau, jusqu'à l'obtention d'une plaque fine et lisse.

2 Après avoir recopié les motifs sur une feuille de papier et les avoir découpés, prenez l'un des gabarits en forme de pétale et découpez la pâte au cutter, en suivant son contour.

3 Procédez de la même façon pour découper sept autres pétales.

4 Avec l'ébauchoir, dessinez des nervures sur tous les pétales. Appliquez de la colle sur la face inférieure de chaque pétale…

5 … et procédez à l'assemblage de la fleur, sur l'une des plaques en verre.

6 Collez les quatre premiers pétales formant la base de la fleur à plat sur le support.

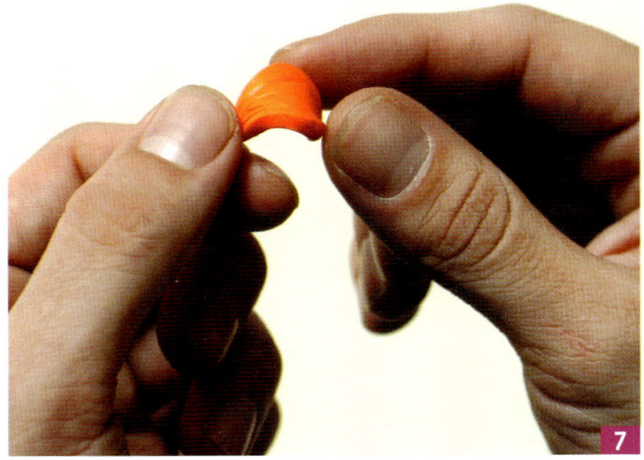

7 Pour donner plus de volume à la fleur, incurvez les quatre autres pétales avant de les mettre en place.

8 Appliquez de la colle à chacune de leurs extrémités, et collez-les entre les premiers pétales, pour compléter la fleur.

9 Formez une petite boule avec une petite quantité de pâte rouge. Écrasez-la légèrement, puis donnez-lui de la texture avec la pointe de l'ébauchoir.

10 Appliquez de la colle à la base de cette pièce, placez-la au centre de la fleur.

Deuxième motif floral

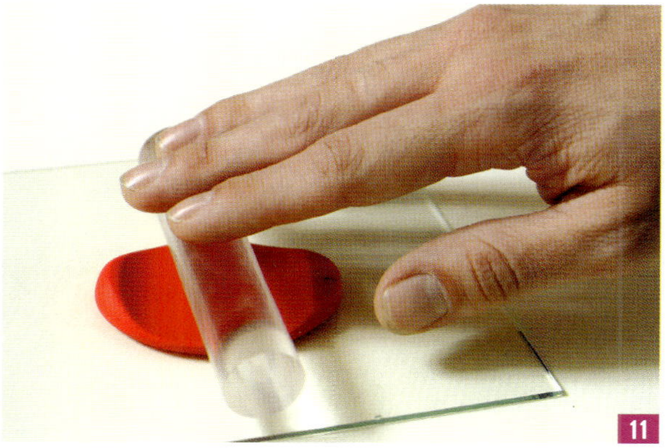

11 Pour la deuxième fleur, pétrissez un morceau de pâte rouge, posez-le sur votre surface de travail, puis aplanissez-la au rouleau, pour former une plaque fine.

12 En vous servant du gabarit des pétales de la deuxième fleur, découpez dans la plaque les douze pétales qui formeront la fleur.

13 Dessinez des nervures sur tous les pétales, avec l'ébauchoir. Appliquez de la colle sur la face inférieure de chaque pétale…

14 … puis collez les six premiers pétales formant la base de la fleur sur la plaque en verre correspondante.

15 Pour donner plus de volume à la fleur, arquez les pétales qui vont former la deuxième rangée.

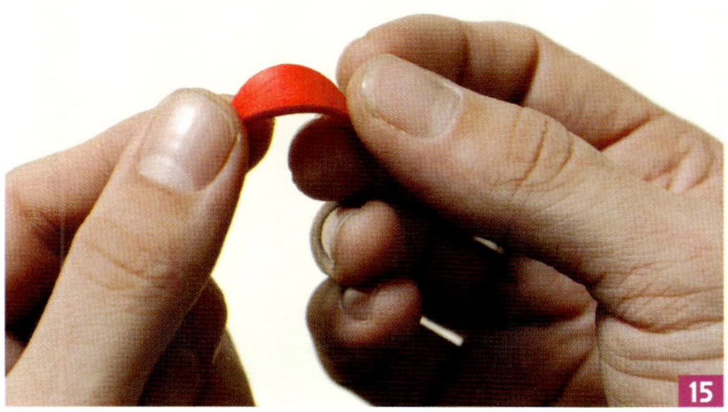

16

16 Appliquez de la colle sur la face inférieure des pétales, et mettez-les en place en les intercalant entre les premiers.

17

17 Formez une petite boule de pâte verte avec vos doigts, écrasez-la légèrement, puis donnez-lui de la texture avec la pointe de l'ébauchoir.

18

18 Appliquez de la colle à la base de cette pièce, et posez-la au centre des pétales.

Motif en forme de trèfle

19

20

19 Pétrissez un petit morceau de pâte verte, puis posez-le sur votre surface de travail. Aplanissez-le au rouleau pour obtenir une plaque fine et lisse.

20 Posez les quatre éléments du gabarit bien à plat sur la plaque de pâte.

21 Découpez au cutter les quatre éléments de la feuille de trèfle, en suivant soigneusement le contour du gabarit.

22 Dessinez des nervures avec la pointe de l'ébauchoir sur ces quatre éléments, pour leur donner plus de relief.

23 Appliquez de la colle sur la face inférieure de l'un des éléments et collez-le sur la plaque en verre correspondante. Procédez de la même façon avec les autres éléments, jusqu'à ce que le motif soit complet.

Dernier motif floral

24 Procédez comme vous l'avez fait pour obtenir les autres motifs. Prenez un morceau de pâte fuchsia. Pétrissez-la avec les doigts, puis posez-la sur votre surface de travail. Aplanissez-la au rouleau pour former une plaque fine et lisse.

25 Posez le gabarit de la fleur bien à plat sur la pâte. Découpez la pâte au cutter en suivant soigneusement le contour du gabarit.

26 Dessinez les nervures des pétales avec la pointe de l'ébauchoir.

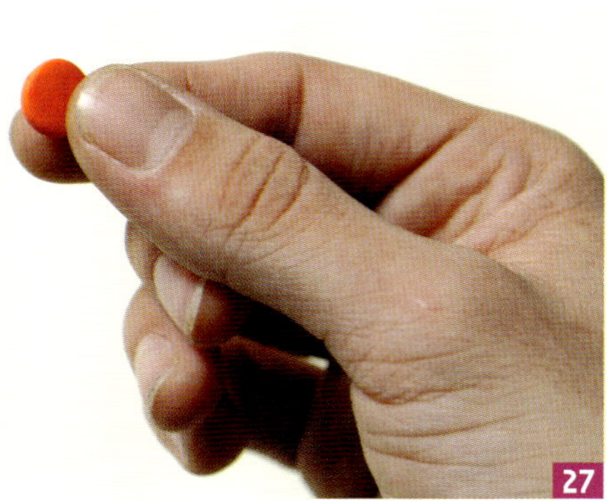

27 Pour former le cœur de la fleur, prenez une petite quantité de pâte orange, et modelez-la en forme de boule. Aplatissez cette boule avec vos doigts, enduisez cet élément de colle…

28 … et posez-le au centre de la fleur. Collez la fleur sur la quatrième plaque en verre.

29 Les quatre éléments nécessaires pour réaliser la composition florale sont prêts. Il ne vous reste plus qu'à remplir une petite caisse en bois avec du sable dans lequel vous planterez les plaques en verre décorées, en les répartissant harmonieusement.

FRISE POUR MIROIR

NIVEAU DE DIFFICULTÉ : 3

En matière de décoration, les possibilités sont quasi infinies. En associant diverses techniques et en jouant avec les formes et les couleurs, on peut mettre en valeur divers objets dans la maison. Il suffit, par exemple, d'orner un miroir d'une frise originale pour transformer l'ambiance d'une salle de bains.

Vue d'ensemble de la frise employée pour décorer le miroir.

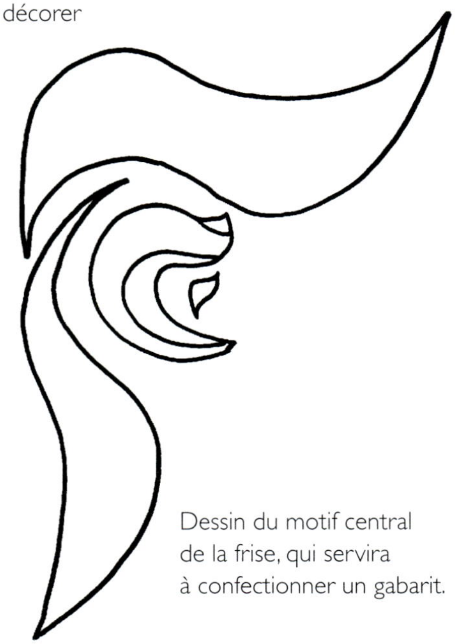

Dessin du motif central de la frise, qui servira à confectionner un gabarit.

Matériel

1. Pâtes orange, verte, bleue, rouge, blanche et jaune
2. Feuilles de papier pour le gabarit
3. Feutre noir
4. Plaque en verre ou en métacrylate
5. Cutter
6. Poinçon
7. Colle
8. Rouleau en verre ou en métacrylate

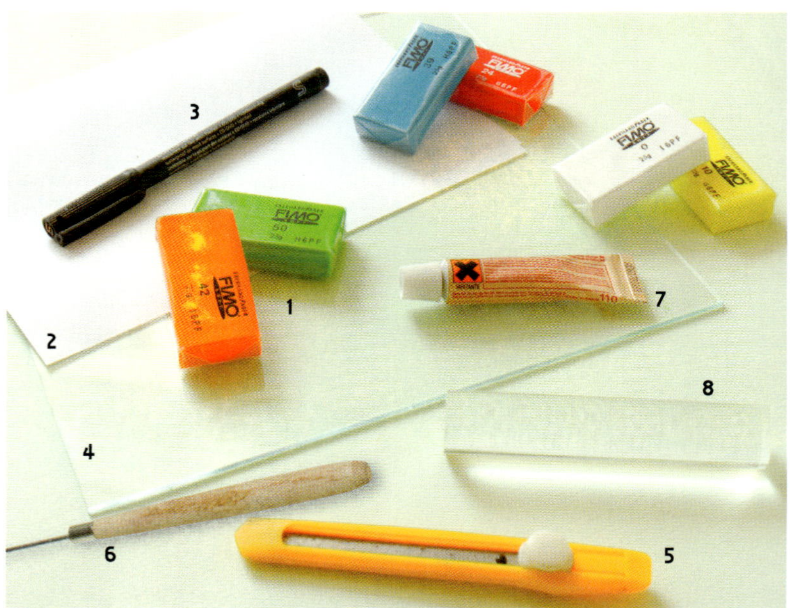

Réalisation du motif d'angle

1 Recopiez au feutre, sur une feuille de papier, le motif d'angle de la frise, pour confectionner un gabarit.

2 Placez la feuille de papier sur la plaque en verre, puis découpez au cutter les éléments que vous avez dessinés.

3 Prenez un morceau de pâte verte et pétrissez-la, pour l'assouplir. Placez-le sur la plaque en verre et aplanissez-le au rouleau, jusqu'à l'obtention d'une plaque fine et lisse.

4 Posez sur la pâte le gabarit de l'un des deux plus grands éléments du motif et lissez-le à la main, de sorte qu'il soit bien plat. Découpez la plaque au cutter en suivant le contour du gabarit. Procédez de la même façon pour le second grand élément vert.

Apportez beaucoup de soin à la découpe des éléments composant la frise. Si vous voulez que le résultat final soit parfait, leurs contours doivent être parfaitement nets.

5

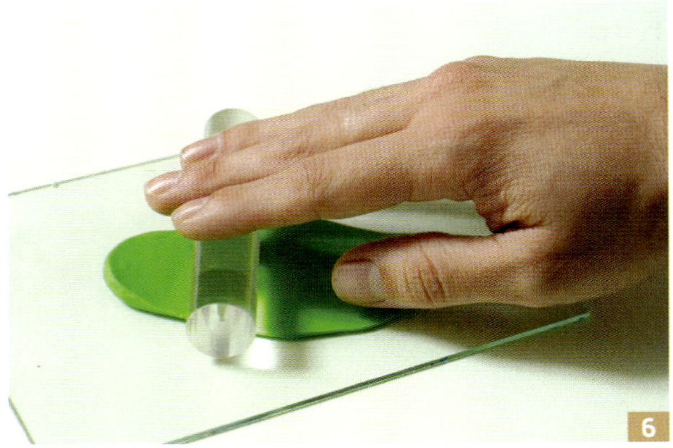
6

5 Procédez de la même façon pour découper le plus petit des éléments du motif d'angle. Prenez un morceau de pâte jaune, pétrissez-le, puis placez-le sur la plaque en verre pour l'aplanir au rouleau et obtenir une plaque fine et lisse. Posez le gabarit sur cette plaque, et découpez la pâte au cutter, en suivant précisément le contour du gabarit.

6 Prenez un morceau de pâte verte, pétrissez-le et aplanissez-le au rouleau, pour former une plaque de la même épaisseur que les précédentes.

7 Posez sur cette plaque le gabarit que vous venez d'utiliser, puis marquez au poinçon les contours des deux petites zones définies par les lignes internes. Exercez suffisamment de pression pour que les contours soient bien marqués sur la plaque.

7

8

8 Découpez la plaque au cutter, en suivant les lignes marquées au poinçon.

Réalisation des fleurs

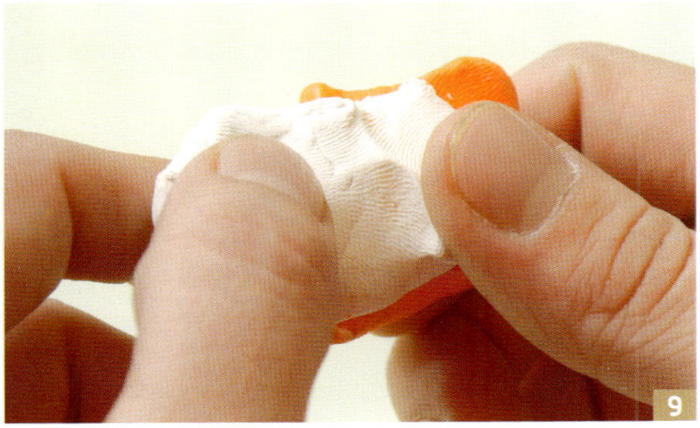

9 Prenez un morceau de pâte blanche et un morceau de pâte orange. Malaxez-les…

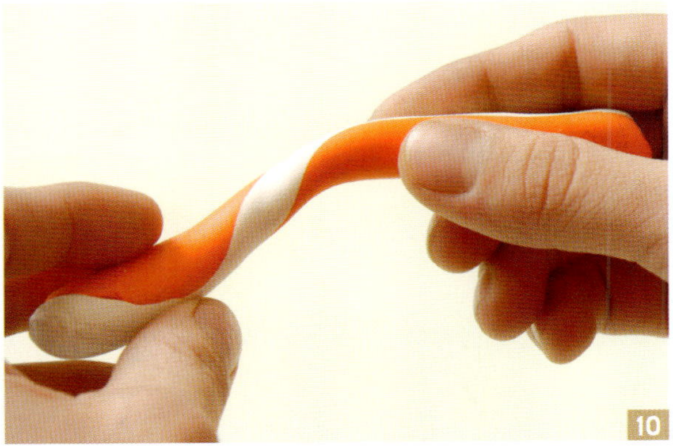

10 … en formant un boudin où les couleurs sont bien réparties…

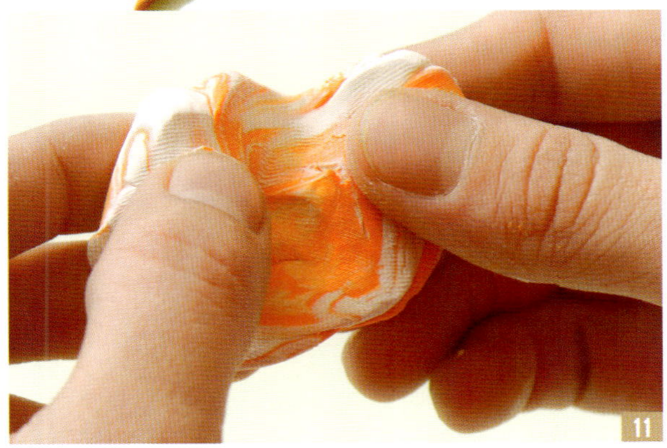

11 … et écrasez ce boudin pour obtenir une pâte marbrée.

12 Posez la pâte sur la plaque en verre et aplanissez-la au rouleau, pour obtenir une plaque fine et lisse, d'aspect marbré.

13 Découpez un pétale dans la plaque, au cutter, en vous servant d'un gabarit.

14 Procédez de la même façon pour découper dans la plaque les pétales des deux fleurs, en utilisant le même gabarit.

15 Pour former le cœur de la fleur, modelez une boule avec une petite quantité de pâte rouge, puis aplatissez-la.

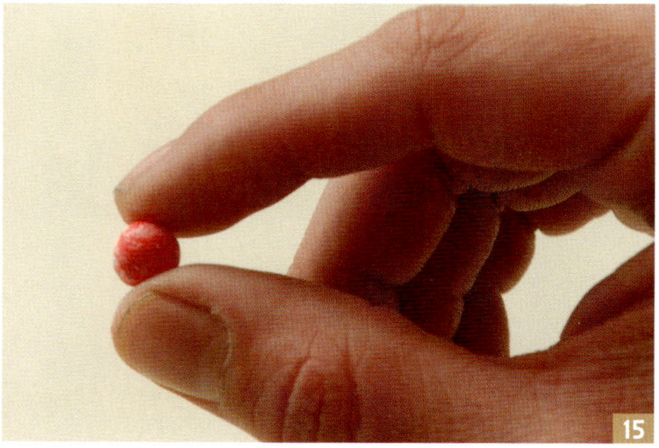

Réalisation des éléments complémentaires

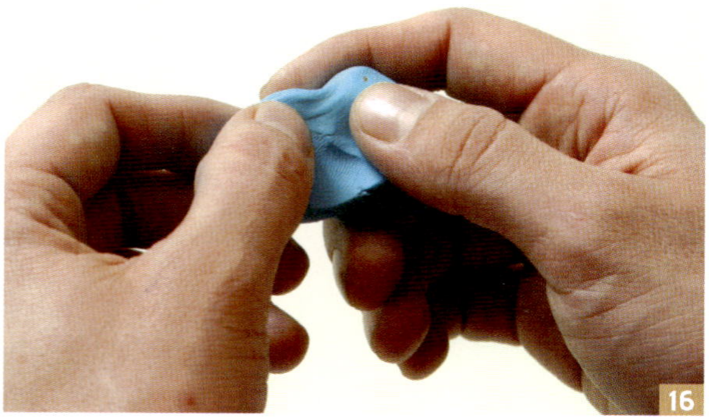

16 Prenez un morceau de pâte bleue et pétrissez-le pour l'assouplir.

Il est toujours préférable de malaxer la pâte avant de la travailler, pour l'assouplir et la rendre plus malléable. Il est également important d'apprendre à calculer la quantité de pâte dont on a besoin pour confectionner chaque élément, pour ne pas avoir à conserver un trop grand nombre de restes.

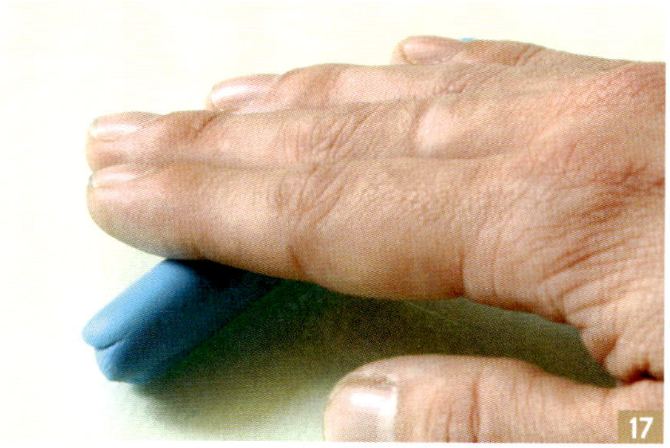

17 Posez-le sur votre surface de travail et faites-le rouler sous vos doigts pour former un boudin. Déplacez latéralement vos doigts sur toute sa longueur, tout en le faisant rouler, pour l'étirer et l'amincir.

18 Après avoir modelé le boudin, donnez-lui une forme sinueuse…

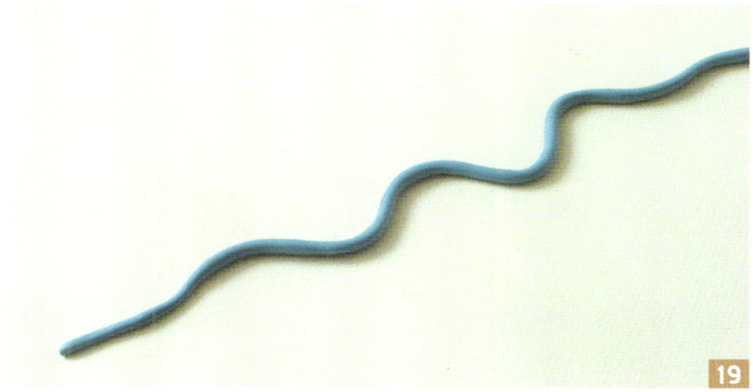

19 … de manière qu'il forme une ligne dynamique.

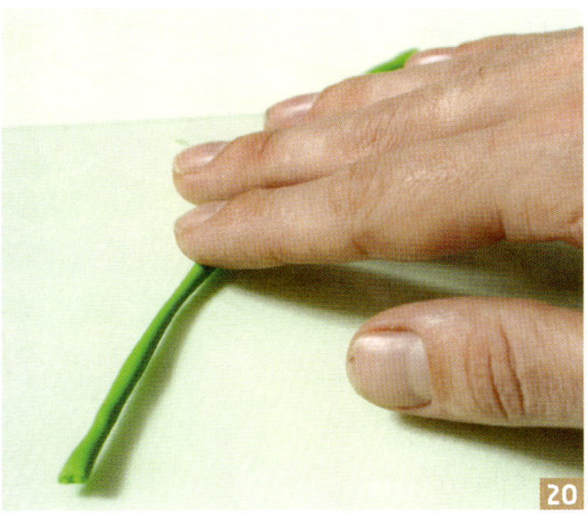

20 Répétez les étapes 16 et 17 avec de la pâte verte, pour former un long boudin très fin.

21 Posez le boudin sur la plaque en verre et aplanissez-le au rouleau.

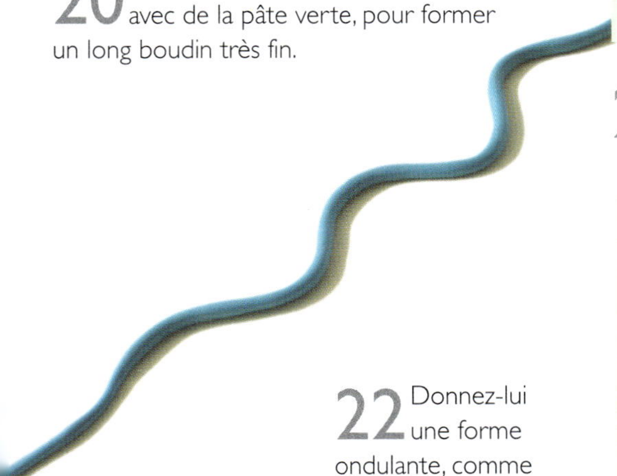

22 Donnez-lui une forme ondulante, comme pour le boudin bleu. Le moment est venu de poser tous les éléments de la frise sur le miroir.

Décoration du miroir

23 Après avoir enduit de colle la face inférieure de tous les éléments, appliquez-les sur le miroir, en vous référant à la vue d'ensemble de la frise.

24 Procédez de même pour les autres éléments du motif végétal, puis pour l'oiseau et les fleurs, et terminez par les lignes ondulées vertes et bleues.

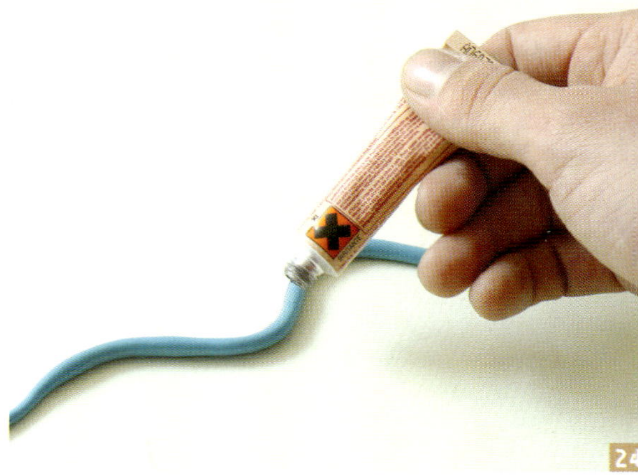

Quand il s'agit de réaliser un motif comportant de nombreux éléments, il est conseillé, avant de procéder à leur mise en place définitive, de les assembler tout d'abord sur le plan de travail, pour s'assurer qu'ils forment un ensemble harmonieux, et, dans le cas contraire, apporter les corrections nécessaires.

25 La frise est terminée. Elle modifie totalement l'aspect du miroir et apporte une note de gaieté au décor de la salle de bains.